新　潮　文　庫

ぼけますから、よろしくお願いします。

おかえりお母さん

信友直子著

新　潮　社　版

11996

はじめに

世界的に新型コロナウイルスが猛威を振るい始めたのは、２０２０年3月でした。それまで映画『ぼけますから、よろしくお願いします。』の上映会で全国を飛び回っていた私。3月も、北海道から九州まで12か所で講演をする予定でした。それがいきなり全《すべ》てキャンセルになり、スケジュールは真っ白に。

この先一体どうなってしまうんだろう。途方に暮れましたが、「東京にいてもどうせ仕事はないんだし、親孝行するいいチャンスだと割り切って、しばらく実家に帰ろう」

そう思い直して、広島県呉《くれ》市の実家に帰って99歳の父と二人暮らしを始めました。ちなみに認知症の母は、この本の後半で詳しく書きましたが、２０１８年に脳梗塞《のうこうそく》を起こして長期入院中。でも病院もコロナ対策のため面会にも行けません。

友人と会うことも自粛していたので、突然父と二人きりの、まるでひきこもりのような生活になってしまいました。

そんな私にひとつだけ残された仕事が、地元の中国新聞へのエッセイ「認知症からの贈り物」執筆でした。２０２０年４月１日から、週１回、２か月の連載を頼まれていたのです。テーマは母の認知症。執筆を引き受けたのはコロナ禍が始まる前でしたから、「父の長年の愛読紙に文章を書いたら父が喜ぶだろうなあ」くらいの気持ちでした。でも、コロナ禍で社会とのつながりを何もかも絶たれてみたら、急に命綱のような存在に思えてきたのです。何もやることがない１週間の中で、エッセイを書く時間だけが「世の中とつながっていると実感できる時間」になったのです。

　ありったけのエネルギーをぶつけて書きました。するとその甲斐《かい》あって、エッセイは読者の方たちから評判になりました。新聞社にも反響が寄せられたようで、最初は２か月の予定だった連載を「終了時期を決めずにできるだけ続けてください」と言われました。どんなにうれしかったことか！

　同時に思いました。自粛生活で、時間だけはたっぷりあります。この機会に、父と私が母の認知症とどう向き合ってきたのかを、もう一度丁寧に振り返ってみようと。

　母の異変におろおろしてばかりの私と違って、父の「胆《きも》の据わった」向き合い方は、娘から見ても「カッコイイ！」と思えるものでした。父の対応には、要介護者を家族に抱えた人たちが心穏やかに暮らせるヒントが、いっぱい詰まっているんじゃないか？　うちは本当に普通の家で、そんな普通の家族の老後の話だからこそ、誰にでもあてはまるメッセージとして受け取ってもらえるんじゃないか？

　考えてみれば、コロナ禍で大変な思いはたくさんしましたが、両親のことや今までの人生で起きたことを改めて振り返り、その意味をじっくりと考え、文章にできたことは、本当に財産になりました。そう、コロナは心底憎いけど、考え方を変えれば、これはコロナのくれた贈り物なのかもしれません。

　ありがたいことに連載は、2021年8月いっぱいまで、約1年半も続きました。

そして実家の周りでは、うれしい現象が起きました。

　毎週水曜日がエッセイの掲載日なのですが、水曜日になるたび、私は買い物に行った先のスーパーや路上で、父は腰のリハビリに通っている病院で、

「今週も読みましたよ」

　と声をかけられ、感想を語ってもらうようになったのです。中国新聞は、県民のほとんどが読んでいると言われるほど、広島県では浸透している新聞ですからね。そして、

「うちの親を思い出してねえ。私はこうにやさしゅうできんかった」

　と泣きながら打ち明け話をしてくれる人や、

「うちも今、介護の真っ最中でねえ。信友さんはイラッとした時はどうしよっちゃっ

たん？」

と相談事を持ちかけてくる人も出てきました。

中国新聞の読者投稿欄にも、私のエッセイを読んだ方の感想が載るようになりました。やはりご自身の身の上話付きです。みなさんご自分と置き換えて感情移入しながら読んでくださっているのです。生きていると向き合わざるを得ない親の老いや介護、そして自分自身の老い。どうやって折り合いをつけるのか、誰もが悩んでおられるんだなあと思いました。

私が、母に対する胸の奥のどす黒い思いを正直に吐き出した回では、

「うちだけじゃないんだ、と思ったら励まされました」

というお手紙もいただきました。そして私は「ああ、私はこの人の役に立てたんだ」という喜びを、取り戻すことができたのです。

やっぱり私、誰かの役に立ちたいんですよね。役に立てたことで、私はいてもいいんだな、と安心できる。認知症になって「私はもう家族の役に立たんようになった。この家におってもええんじゃろうか」と悩んでいた母と同じです。

ワクチン接種の効果が出てきたのでしょうか、２０２１年12月現在、コロナ禍はや

っと、少し収まりつつあります。私にとって暗黒期だった1年半、社会とつなぐ糸となって私自身を支えてくれたこの大切な連載。ぜひ広島以外のみなさんにも読んでもらいたいと思って、このたび1冊の本にまとめていただくことになりました。

本にするにあたっては、コロナ禍で図らずも「高校を卒業して以来、一緒に暮らした最長記録」を更新することになった父の、改めて見えてきた人間的な魅力を、どーんと1章使って書き加えました。映画で父のファンになってくださった方には、素敵な贈り物になっているのではないかと思います。

父は101歳になりましたが、耳が遠いのと腰が曲がっている以外は、どこも悪いところはありません。私が東京にいる間は、家で一人暮らしをしています。なぜこんなに健康長寿でいられるのか、そのあたりの謎《なぞ》にもググっと迫ってみました。

2022年3月には、映画の続編も公開されます。願わくば、コロナが完全に終息して、この本を読んでくださった方と映画の上映会などで直接お会いし、

「うちもお母さんと同じような状況でねえ……」

なんていう長話を遠慮なくできる日が、早く戻ってきますように。

2021年12月　信友直子

目次

すりゃええんかの」／家計簿に残る母の矜持／親心につけ込んだ悪人を絶対許せない！／自分の城での「籠城」は娘への思いやり／老夫婦二人暮らしはいよいよ限界に／布団から出ずに寝てばかり……／介護サービスの受け入れにつながった番組化

ぼけますから、よろしくお願いします。
おかえりお母さん

第一章　母の異変

両親の姿をありのままに

映画『ぼけますから、よろしくお願いします。』を見てくださった方も多いと思います。認知症になった私の母・文子《ふみこ》（1929〈昭和4〉年生まれ）と父・良則《よしのり》（1920〈大正9〉年生まれ）の「ぼけても自宅で支え合う暮らし」を、ひとり娘の私の視点からありのままに描いたドキュメンタリー映画です。

舞台が呉市だったこともあり、特に広島県では本当にたくさんの方が、ご近所の老夫婦を応援するかのような熱心さで見てくださいました。親御さんやご自身の将来に重ねた方も多いのではないでしょうか。人生100年時代と言われる今、認知症は誰がなってもおかしくない病ですから。

私は仕事柄ビデオカメラを回す機会が多いので、両親にも20年ほど前から何となく被写体になってもらっていました。すると、ここ数年でうちは、社会問題と言われるキーワードがいくつも重なる家になっていったのです。

まず母の「認知症」。超高齢な父による「老老介護」。母に何かあるたびに私が東京と呉を往復する「遠距離介護」。そして、私が東京での仕事を辞めて実家に帰るべきか悩んでいるので「介護離職」予備軍……。

それに気づいたとき、私は撮りためた映像を公表しようと思いました。うちのようにごく普通に暮らしてきた家族の姿から、こういった社会問題を感じてもらうことで、認知症をより身近に自分事として覚悟したり、準備したりしてもらえるのではないか。そう思ったからです。

正直に言えば、親の認知症を公開していいのか悩みもしました。家の恥をさらすことになりはしないか？

でも今は、公開して本当に良かったと思っています。上映後にお客さんと話すと、悩んでいるのは自分だけじゃないんだという連帯感が湧《わ》いてきて、私自身も勇気をもらえるのですから。

認知症になったからといって、この世の終わりというわけではありません。これからしばらく、母が認知症になったからこそ気づけた大切なもの、「認知症がくれた贈り物」について、つづっていきたいと思います。

母の異変に気づいた電話

母・文子はユーモア精神にあふれた人で、日々のささいな出来事をおもしろおかしく語る名人でした。そんな母の異変に私が最初に気づいたのは、忘れもしない2012年4月。呉市の実家に電話し、たわいないおしゃべりを楽しんでいた時のことでした。

私が呉市に帰省した時に母・文子、父・良則と自撮りした写真

「こんなおもしろいことがあってねえ」と母が勢いよく話し出したのは、前の日に聞いた話と全く同じものだったのです。それをあたかも初めてのように語る母。私は何かの冗談かと思って、

「お母さん、その話、もう昨日聞いたわ」

そうツッコミを入れました。すると受話器の向こうでほんの一瞬、息をのむような気配があったのです。

「ありゃ、ほうじゃったかいねえ」

次の瞬間には、いつもの母らしいとぼけた返しが

来たのですが、その一瞬の沈黙は私を恐怖に陥《おとしい》れるに十分でした。

お母さんは、おかしゅうなったんかな……。一度気になり始めたら、もう知らないふりはできません。それからは電話のたびに、母の反応に逐一、疑いの目を向けるようになりました。私がした話を次の電話でちゃんと覚えているだろうか？　でもそうやって親を疑ってしまう自分が悲しく、現実から目をそむけたくなって電話をしない日もありました。

母も私に疑われていることを敏感に察したのでしょう。聞かれもしないのに言い訳をすることが増えてきました。

「ああ、この間はお母さんもう眠たかったけん、あんたの話をよう聞いとらんかったかもしれんわ。悪かったねえ」

そう、今思えば、母はずいぶん前から自分の異変に気づいていて、それを必死で私に隠そうとしていたのではないでしょうか。そこには「主婦の鑑《かがみ》」であらねば、というプライドもあったでしょうし、娘に心配をかけたくないという親心も大きかったはずです。

母は一体どうなっているんだろう。

私は、恐る恐る実家に帰ってみることにしました。

母をいたわる父の度量

母の異変に気づいて呉市の実家に帰ったのは、2012年6月のことでした。

母はいつものように笑顔で迎えてくれ、私の好きな魚料理が食卓に並んでいて安心しました。ですがこの時、やたらと父に対して母の当たりが強くなっていました。母はもともと父を立てるタイプで、父に逆らったことなどなかったのに、二人の関係が逆転していたのです。

当時、母はある友人と仲たがいをしていて、その友人の悪口を家で言うようになっていました。仲たがいの原因も、どうやら母が自分の異変を認めたくなくて意固地になったことらしいのです。父が見かねて改めるよう言うと、

「お父さんは私がおかしい思うんね？　どっちの味方なん？　私のことをバカにして！」

と、えらい剣幕で怒るのです。

母も、離れて暮らしている娘の私には気を遣っているのでしょうが、父には容赦ない。きっと、自分が壊れてゆく恐怖をひしひしと感じていて、唯一《ゆいいつ》甘えられる父を攻撃することで恐怖を少しでも振り払いたいんだ。そう直感しました。

でも母に理不尽に怒られてばかりの父はよく我慢しているなあ。それが不思議だったのですが、ある時、父がポツリとこう言ったのです。

「直子もお母さんを傷つけるようなことは言うなよ。お母さんが一番不安なんじゃけんの」

ああ、父は全部わかっているんだ。その上で母をいたわり、支えようとしているんだ。私は父の度量の広さに感動しました。

父と相談した結果、母に「病院でいっぺん検査してもらおうや」と提案するのは私の役目になりました。父から持ちかけるとまた、母が「私がぼけたとでも言うんね！」と怒りだす恐れがあったからです。

しかし、恐る恐る切り出してみると、母は拍子抜けするほどあっさり賛成しました。

「ほうじゃね、ほんなら病院行ってみようか」

でも今考えると、この快諾にはどうやら、母なりの思惑があったようで……。

認知症問診テストでほぼ全問正解した母

認知症が疑われる母を初めて、呉市内の病院に連れて行きました。今になって考えると、母は自分でも検査に行きたかったのだと思います。そして「大丈夫、認知症ではありません」というお墨付きをもらって安心したかったのではないかと。

そう思うのには根拠があります。

認知症かどうかを判断するのに最もよく使われるのは「長谷川式認知症スケール」といわれる問診テストです。この存在を母は知識として知っていました。私が、この問診を受けて認知症と診断された人を取材したことがあり、母も娘の作った番組として見ていたからです。

ここから先は私の想像ですが、母はこの問診で良い点を取るためにひそかに予習をしていたんじゃないかと思うのです。

長谷川式テストはあらかじめ質問が決まっています。「桜・猫・電車」という三つの単語を覚えさせてしばらく他の質問をした後、

「さて、先ほど覚えてもらった三つの単語は何だったでしょう？」

と聞くものもあります。母はすかさず、

「桜・猫・電車！」

と答えたのですが、もしそう聞かれることを前から知っていたとしたら……。

父も同じことを感じていたようです。

「ありゃあ、予習して行ったに違いないわ。なんやら本を読みながら、ブツブツ勉強

しよったけんの」

何をしているのか確認はしなかったそうですが、父いわく認知症の問診テストの予習だったのではないかと。

いずれにしろ診察室の母は、体が火照《ほて》るのがそばにいる私にもわかるくらい集中して挑みました。その結果、ほとんどの問題に正解し、30点満点のテストで見事29点を獲得したのでした。そして検査したお医者様から、

「そのお年にしては立派なもんですねえ」

と褒めてもらって得意満面でした。

当然、認知症の診断は下りず、喜んだ母はそれからしばらく友人たちに吹聴《ふいちょう》して回ったようです。

「娘が心配するけん、ぼけとらんか検査したんじゃけど、30点満点で29点取ったわ！1問だけ間違えたんが悔しゅうてねえ」

ちょっと早く連れて行きすぎたな。私は反省しましたが、母には大きな自信になったようです。数か月後にはこの記憶すら失うわけですが、わずかな期間でも母が安心して過ごせたならよかったのかな、と今は思います。

祖母に対する後悔の念

母が認知症の兆候を見せ始めた時に、私がすぐにピンときたのは、以前、認知症の人たちを何人も取材した経験があるからです。取材のきっかけは、2004年にたまたま聴講した衝撃的な講演会でした。

クリスティーン・ブライデンさんというオーストラリアの女性が、日本で開かれた国際会議で、認知症患者として世界で初めて、自分の思いを人前で語ったのです。いろんなことができなくなる怖さや、周りの言動に混乱し傷ついてしまうこと。彼女は自分の言葉で切々と語りました。

初孫の私をかわいがってくれた祖母

それは「認知症の人は何もわからない」と思い込んでいた私にとって、頭をガーンと殴られるほどの衝撃でした。そして心から悔やんだのです。「ああ、おばあちゃんに何てひどいことをしたんだろう」と。

実は母方の祖母も認知症でした。幼い頃、いつもピシッと着物を着こなし、厳しくもやさしい祖母は憧《あこが》れでした。祖母も初孫の私をとてもかわいがってくれました。

　ところがある時期から奇行が目立ち始めたのです。突然、感情をあらわにして泣きだしたり、赤ちゃん返りしたかのようにぐずったり。そして私を、幼くして亡《な》くした娘（私にとっては会ったこともない伯母）の名前で呼ぶ。子ども心には背筋が凍るホラーでした。

　そして聞こえてきた、両親のひそひそ話。

「おばあちゃんはぼけてしもうたわ」

　祖母は「何もわからない存在」になってしまったんだ……。そう決めつけた私。それからは、同居介護する叔母にばかり同情し、祖母を「怖い」と遠ざけてしまいました。でもブライデンさんの話を聞いて、祖母も本当は、どうしようもない胸の内の不安を聞いてほしかったのではないか、だからあんなに泣きじゃくっていたのではないか、と気づいたのです。

　祖母の声に耳を傾けてあげればよかった……。認知症の人の思いを取材する番組を作ったのは、祖母への罪滅ぼしという理由が大きかったと思います。その時にはまさか、母まで認知症になって、母の思いを私が世の中に伝えることになるとは想像してもいませんでしたが……。

大好きだった書道への情熱もくじいた異変

「お母さんね、書道をやめようか思うんよ」

母が突然そう言い出したのは、2010年のことでした。私が母の認知症の兆候に気づくより2年も前です。

「えー何で？　もったいない」

父も私も青天のへきれきでした。母にとって書道は、趣味の域を越えて生きがいと言ってもいいもの。子育てを終えてから30年間、没頭してきたのです。最後の10年は、全国的に有名な神戸の書家のところまで習いに通うほどでした。

なのに、何で？　何度聞いても母は、

「もう年じゃけんね」

としか言いません。父が、

「そう言わずに頑張れや。わしより8つも若いじゃ

書道展「読売書法展」で特選になった作品と並ぶ母。この3年後、突然書道をやめた

ぼけますから、よろしくお願いします。

すでにこの頃から母の中で、母の書道への情熱をくじくほどのことが起きていたのかもしれません。

ないか」

と励ましても、「もうやめたいんよ」の一点張りでした。

この母の行動は長らく謎《なぞ》でしたが、今ならわかります。すでにこの頃から母の中で、本人にしかわからない異変が始まっていたのでしょう。母の書道への情熱をくじくほどの。例えば神戸で迷子になって怖い思いをしたとか、思い通りの字がどうしても書けなくなって自信をなくしたとか……。

後に、母の書道仲間が教えてくれました。

「あの朗らかなお母さんが、やめる頃には、隅っこでひっそり座っとっちゃったんよ」

ああ、きっと自分の異変を誰にも気づかれないように、気配を消していたんだな。冗談好きで社交的な母にとって、どんなに苦痛だったことでしょう。電車を乗り継いで必死に神戸まで行ったのに、ポツンと座っているしかない。母の心中を想像すると涙が出ます。

父か私に悩みを打ち明けてくれたら良かったのになあ。そうも思いますが、家族にだからこそ、心配をかけたくないと黙っていたのでしょう。私たちの前では、いつも通りの陽気な楽しい母でした。

趣味を楽しむ気力がなくなる――これは、認知症の症状のひとつです。今思えば母にも、家族が気づくかなり前から、その兆候は表れていたのです。

認知症診断でも父の軽妙な返しで笑顔に戻る母

2014年のお正月明け。母を2度目の検査に連れて行きました。

1年半前と同じ質問に、もうあまり答えられなくなっていました。今日の日付を尋ねられると、「何日じゃったかいねえ」と私に助けを求めてくる。「野菜の名前を挙げてください」と言われても、3つで詰まってしまう。あんなに毎日、いろんな野菜を使って料理の腕をふるっていたのに……。

「アルツハイマー型認知症ですね」

先生からそう告げられた時、驚きはありませんでした。むしろ衝撃だったのは、母が「あら、そうですか」と愛想笑いを浮かべたことです。お母さんはもう「認知症」の意味さえわからんようになっとるんか……。

帰り道も母は「今日は寒いねえ」と、たわいない話ばかりして笑顔を向けてきます。私はかける言葉が見つからず、ただ黙って隣を歩くしかありませんでした。

でも、母は本当の感情を表に出さないようにしていただけでした。家に着くなり、待っていた父にこう訴えたのです。

「まったく、ぼけとりもせんのに、みんながぼけとる、ぼけとる、言うんじゃけん」

ああ、やっぱりわかっていたんだ。その時の私の気持ちは、とても一言では言い表せません。「認知症」がわからないほどひどくはなかったという安堵《あんど》。人前で取り乱すまいと頑張った母へのいとおしさ。そして、私と二人になっても本心を打ち明けてもらえなかった寂しさ……。

東京に出て30年以上になる娘は、知らず知らずのうちに「気を遣う相手」になっていたのでしょうか。やはり母が気持ちをぶつけたのは、長年連れ添った父だったのです。

しかし、いったい父はどう答えるのか？

「ほうよ。ぼけとらんのなら、気にすることはないわい」

父のさらりとした返しに、笑顔が戻った母。そんな二人の姿から私は、この先わが家を待ち受ける嵐《あらし》の前触れを感じていました。

信友家の父と娘の不思議な連帯感

母が認知症と診断されたその日。父に尋ねました。

「私が呉に帰ってきた方がええかね」

母と二人暮らしの父は、この時93歳。これから始まる介護を、父一人に担《にな》わせるのは酷だと思ったのです。

しかし父は、言下に断ってきました。

「いや、あんたは帰らんでもええ。わしが元気なうちは、わしがおっ母《かあ》の面倒をみるけん」

私が 20 代の頃、父と撮った 1 枚

それはいかにも父らしい答えでした。父は私が仕事を辞めて東京から帰ることを、自分の挫折《ざせつ》のように感じるのでしょう。

大正生まれの父は、戦争で言語学者の夢を断たれました。よほど無念だったのか、90代になった今もなお語学の勉強を続けていますし、私には昔から「自分の好きなことをやりなさい」と言い続けてきました。

私は幸いにも、ドキュメンタリー制作という好きな道を見つけ、仕事にしてきました。そして、それを誰よりも応援してくれたのが父だったのです。二人の間には「父の無念を娘が晴らす」とでも言うべき、不思議な連帯感があるのです。

ですから、この時の父にしてみれば、

「せっかく直子が東京で好きな仕事を頑張りよるのに、おっ母が認知症になって、わし一人じゃ面倒を見きれんから言うて、仕事を辞めて帰らすようなことは絶対にしとうない」――おそらくそういう思いだったのでしょう。

私は結局、「それでも帰ります」とは言いませんでした。半分は父の気持ちを尊重して。そして半分は、やはり自分の好きな仕事を続けたいというわがままがあったと認めざるを得ません。どうすれば親孝行になるのか、考えれば考えるほどわからなくなり、結局は親の愛に甘えて、東京で仕事を続けることを選んだのでした。それが2014年のことです。

その後、母は少しずつ、料理や洗濯がおぼつかなくなっていきました。そして、それまで全く家事をやったことがなかった父の、90代半ばにしての初挑戦が始まったのです。

母の認知症で気づいた「父は案外『いい男』」

連載のタイトルを「認知症からの贈り物」としたのはなぜか。その話を書きたいと思います。

誰だって認知症にはなりたくありません。家族が認知症と診断されたら、絶望的な気持ちになって当然です。もちろん私もそうでした。でも、この病気と長くつき合ううちに、こう思い始めたのも事実なのです。

「母が認知症になったからといって不幸なことばかりだろうか？ だからこそ気づけた素敵なこともあるんじゃないか？」

私にとって認知症からの最大の贈り物は、父が案外「いい男」だと気づけたことでした。

母が元気な頃、父は空気のような存在でした。いつもにぎやかなのは母と私の女子チーム。父は静かに本を読んでいるだけで、おもしろくも何ともない。正直、父がどんな人かなんて興味もありませんでした。

しかし母が認知症になると、父はメキメキ存在感を発揮し始めたのです。母のできなくなった家事を、母を傷つけないようにさりげなく肩代わりする父の姿に、私は目を見張りました。93歳の父が掃除機をかけ、洗濯をし、母の好物のリンゴをむいている……。それまで家事を何ひとつやったことのなかった父。包丁を使うだけでも驚きだったのに、しまいには裁縫箱を取り出して、母のスカートのほつれを繕うことまで始めたのです。

「何でそんなことできるん？」

思わず聞くと、

「陸軍で上官からしごかれたけんの。飯炊《めした》きも裁縫も一応のことはできるんよ」

ああ、私は父のことを何も知らなかったんだな。戦争に行った話も聞いたことがなかったし……。これからでも遅くないから、父をちゃんと見よう。そう反省しました。

見直してみると父は、強さと優しさにあふれたいい男でした。「母をここまで体を張って守れるなんて理想の夫かも」とすら思うほどです。これは明らかに「認知症がくれた贈り物」と言えるのではないでしょうか。

やっと思う存分、父に甘えられた母

実家のある呉市を舞台にしたアニメ映画『この世界の片隅に』の片渕須直《かたぶちすなお》監督にお会いした時のことです。

「（主人公の）すずさんと周作さんが今も元気なら、ご両親のようになっているのかなと思います」

そう言っていただいて感激しました。1920（大正9）年生まれの父は周作さんより少し年上、1929（昭和4）年生まれの母はすずさんより少し年下なのです。

両親は当時としては晩婚だったので、すずさん夫婦のように戦争を一緒に乗り越えたわけではありません。それでも、それぞれ過酷な青春時代を送ったようです。

父は陸軍に召集されて言語学者の道を諦《あきら》めました。同時期に父親が急死し、妹2人を養わなければならなくなりました。体がひ弱で、徴兵検査では丙種合格だったため、戦地に行くのは免れたのですが、

新婚旅行に出発する両親（手前）。母は恥じらうように父に寄り添う

「同級生で優秀な者ほど戦争で死んでいった。わしが生きとるのが申し訳ない」

とよく言っていました。

母も、父親と姉を早くに亡くし、4人きょうだいの一番上として会計事務所で働き、家計を支えたようです。二人とも弟や妹を一人前にしてから、やっと身を固めることを考え、1958（昭和33）年にお見合い結婚。父が37歳、母は29歳でした。

どうやら母は会社勤めの頃から、父のことを知っていて、気になっていたようです。お見合いの席で

父は「初めて会う人じゃ」と思ったそうですが、母は「ああ、通勤で毎朝すれ違いよる、あの人じゃ」と。そして父が戸惑うほどの母からの猛プッシュで、二人は結ばれたのでした。

それでも母が認知症になるまでは、どちらかと言うと淡々とした夫婦でした。少なくとも娘の前では、ベタベタすることはありませんでした。それが、認知症になってからというもの、母はやたらと父に甘えだしたのです。私がいてもお構いなく「お父さん、お父さん」と……。

母はずっと甘えたかったのかもしれません。なんせ独身時代の「憧れの君」だったのですから。認知症で長年のお行儀良さから解放されて、大好きな父に思う存分甘えられる。母は案外幸せなのかも、と思うこともあります。

一日の終わりは背中をかいて「お疲れさん」

認知症になってから、母は朝起きるのが苦手になりました。私が起こしに行っても「うるさい」と布団《ふとん》をかぶったままです。

「あんたじゃない。お父さんはどこ？」

思い切り機嫌の悪い声を出すので、仕方なく父を呼んでくると、

一日の終わりに、父の背中をかいてねぎらう母

「お父さーん、今、何時ね？」

一転して甘え声に。え、お母さん、その態度の違いはどういうこと？

そのうえ、「もう8時じゃけん起きようや」と父が促すと、なんと母は布団の中から手を伸ばして、

「ほんならお父さん、起こしてやぁ」

最初にこのやりとりを見た時はぎょっとしました。今までのつつましやかな母からは考えられない大胆さだったからです。

しかし、父はどうするかと思ったら、これがまんざらでもなさそうで。

「どしたんなあ」と照れながらも母の手を握って布団から引っ張り出しているのです。そして二人で「おはよう」とごあいさつ。なんだか娘の私が気恥ずかしくなるほどの仲むつまじさで

す。

母が認知症になって、父と母の距離はぐっと縮まりました。娘としては目のやり場に困りますが、それでも60年連れ添った人生の最終章にこんなスキンシップが取れるなんて、幸せなことではないでしょうか。

思えば、昔は母が完璧《かんぺき》な主婦だったので、父はどこか気《け》おされて遠慮していたところがありました。でも認知症になってほころびを見せてきた妻は、かわいらしく、いとしく思えるのでしょう。頼られていることもうれしそうです。

「わしがおっ母を守らんといけんけん、おっ母より先に死なれんわい」

そう口癖のように言っています。

そして母は、お礼のつもりなのか、一日の終わりに父の背中をかいてあげるようになりました。

母の代わりに家事をやり、「やれ、たいぎいのう」と無防備に背中を向ける父。

「お疲れさんじゃったねえ」とその背中をかいてねぎらう母。

まるでのみ取りをする猿の夫婦だな、と思わず笑ってしまう光景です。

おすすめは「ヒキ」の視点

私も決して、母の認知症を最初から「贈り物」だなんて思えていたわけではありません。大好きな母が壊れてゆくのを見るのは怖く、悲しく、目を背けたくもなりました。

でも気づいたのです。いくら目を背けたところで現実は変わらない。ならば潔《いさぎよ》く受け止めて、その上で少しでも前向きに、楽しく生きる方法を工夫した方が得じゃないかと。これは、長く暗いトンネルを抜けてつかみ取った、生きるコツのようなものです。

そう、贈り物という考え方は自然と生まれてきたものではありません。落ち込んでばかりじゃ損だと思ったから、必死で「よかったこと」を探したのです。無理やりにでもいいから、前向きに考えよう。それで楽になるのなら……。藁《わら》をもつかむ思いでした。

「人生は寄って見れば悲劇だが、引いて見れば喜劇だ」

私が大好きな、喜劇王チャップリンの言葉です。同じ出来事でも、間近で見ると感情移入しすぎて深刻になってしまうけれど、遠くから傍観者的に見ればクスリと笑えることもある。うちもまさにそうでした。

母の行動だけを見て「何でこんなになってしまったんだろう」と思うと悲しくなり

ますが、少し引いて見ると「ぼけたおばあさんと耳の遠いおじいさんのかみ合わないやりとり」は、とぼけた味があってほほ笑ましくも感じられるのです。

そして「ヒキ」で見るには、カメラを回していたことがとても助けになったと思います。自然と視点が客観的になるからです。娘には心が折れるだけの母の振る舞いも、カメラを回していれば「これって衝撃映像かも！」とおもしろがることもできるのです。

みなさんにも、介護で行き詰まった時は、カメラを構えたつもりで、ヒキで見ることをお勧めします。「イラッとしている自分も含めてなんだか笑っちゃうシーンだな」。そう思えたらしめたもの。少し楽になれるはずです。

思わず笑った衝撃映像

深刻な事態なのに、カメラを構えていたら思わず笑って楽になった出来事をひとつご紹介しましょう。

ある日帰省したら、洗濯機の中は汚れ物でいっぱいになっていました。

なのに私が洗濯しようとすると、母は「お母さんがするけん、あんたは放っとって」と触らせてくれません。

洗濯物の上に寝転ぶ母。父がひょいとまたいでトイレに向かった
©2018「ぼけますから、よろしくお願いします。」製作・配給委員会

「結局私は休ましてもらえんのじゃけん」

ブツブツ言いながら、洗濯を始めるべく汚れ物を廊下にばらまいてゆく母。しかしあまりの量に途中で嫌気がさしたのでしょう。突然、

「ああ、たいぎい」

ゴロンと寝転がってしまいました。

え、お母さん、そこに寝るん？

大量の洗濯物の上に横たわる母——というのは、娘にとってはなかなか衝撃的な光景です。昼寝すら怠惰だと嫌がっていた人なのに……。もしこの時、母の間近にいたなら、恐怖や心配や情けなさ、いろんなネガティブな感情が渦巻いて「お母さん、何でこんなになってしもうたん……」と泣いてしまったかもしれません。

でも幸い、私にはビデオカメラという相棒がいました。離れたところから撮っていると「う

わあ衝撃映像だ！」と、少しおもしろがる心の余裕すら生まれたから不思議です。そこに父がやってきて、緊張しました。父は自堕落に寝ている母を叱《しか》る？　それともそんな母にカメラを向けている私を叱る？

しかし、父は「しょんべん、しょんべん」と言いながら、母の体をひょいとまたいで、そのままトイレに行ったのです。

私は思わず吹き出していました。これがうちの今の日常なんだ。そう思ったらなんだか気が抜けて、ストンと楽になったのです。母が廊下に寝転ぶのも、父が寝ている母をまたぐのも、年をとって少しネジがゆるんできた両親には、気にもならない普通のことなんだ……。

「それでええんよ。それが生きて、年をとっていく、いうことよ。おっ母の認知症もその一環じゃけん」——トイレに向かう父の背中から、そんな励ましの声が聞こえた気がしました。

母を安心させた父の率直さ

母の認知症をなかなか受け入れられなかった私と違って、父の姿勢は最初から一本筋が通っていました。

鮮明に覚えている両親のやりとりがあります。母が認知症と診断されて数か月後のこと。母が父に、出し抜けにこう聞いたのです。

「お父さんは、私が物忘れしよるけん、心配なん？」

お母さん、いきなり何を言い出すんね？　私は肝を冷やしましたが、父はさらりと答えました。

「そりゃあ家族じゃけん、心配よ」

「お父さんは私が恥ずかしい？　迷惑な？」

「いや、そうなことはないよ。あんたができんようになったことは、わしがやりゃあええだけじゃけんの」

「ほんならえかったわ。ありがとね」

「わからんことがあったら、何でもわしに聞けえよ。あんたが覚えとかんといけんことは、わしが代わりに覚えとっちゃるけん」

「ほんま？　ありがと。そうするわ」

この話はそれで終わり。その後は何事もなかったかのように別の話題に移りました。

私は母の奇襲に驚きましたが、それよりも父の率直さに感動していました。私だったら、母に「物忘れ」なんて単語を出されたら、慌《あわ》てて「そんなことないよ」と否定していたでしょう。母を傷つけたくないからと言い訳はできますが、本心はいい娘を演じたいからです。でも父はそんなごまかしはしません。母が気にしている「物忘れ」をさらりと認めた上で、自分の思いを伝え、母を安心させたのです。

父はおそらく、母を介護しているという意識はあまりないのだと思います。ただ、母と一緒に一生懸命、毎日を生きているだけなのでしょう。60年間、夫婦で積み重ねてきた毎日を。

父は母に、こうも言っていました。

「たまたまあんたが先に具合が悪うなったが、わしが先ならあんたに面倒見てもらうんじゃけん、お互いさまよ。気にすることはないよ。しょうがないことじゃけん」

自然体でぶれない父は、母には相当心強かったでしょう。私も年をとった時、こんな境地に達したいものだとひそかに憧れています。

第二章　認知症と向き合う

にじむ親心が切なくて

呉と東京で離れて暮らしていると、実家に帰り着いた時と実家を離れる時、毎回心をかき乱されます。同じ境遇の方なら誰もが感じる「遠距離介護あるある」ではないでしょうか。

帰省して母に会う瞬間はいつも緊張します。私を見て誰だかわからなかったらどうしよう？　内心の不安を悟られまいと、不自然なくらい明るい声で「ただいまぁ」と言ってしまうのです。

「ああ直子、お帰り」

そう返ってくると、その場にしゃがみ込みそうになるくらい安堵《あんど》します。ああ、今回も大丈夫だった、と。幸いなことに母は、私を誰だかわからなかったことは一度もありません。それがいかにありがたいことなのか、他の介護者さんの体験談を聞くと身にしみます。

そして両親を残して東京へ戻る時——。最も葛藤《かっとう》する瞬間です。母の世話を父だけに任せて、このままいなくなっていいのだろうか。

父はいつも、

「こっちの心配はせんでええけん、あんたは仕事を頑張りんさい」

と言います。母は逆に、

「あんたも若うないんじゃけん、頑張りすぎんのよ」

と言います。母らしい毒舌が健在なのはうれしくもありますが、にじむ親心が切なくて、別れた後は涙が止まりません。本心では二人とも心細くて、娘にそばにいてほしいんじゃないか……。

でも、私も食べていくには今の仕事を辞めるわけにはいきません。それならせめて、母のための介護サービスをお願いし、両親が無事に暮らしているか、定期的にプロの目で確認してほしい。しかし両親は、他人に迷惑を掛けることを極端に嫌う世代なのです。

父は、

「わしがおっ母《かあ》の面倒をみる。他人の世話にはなりとうない」

そしてそれが自分の「男の美学じゃ」とまで言い切ったのです。

こうしてうちは、父の反対で2年以上介護サービスを受けることができませんでした。信友家の暗黒の時代でした。

失態恐れて人目を避ける

母があやしくなってから、両親はご近所づきあいを避けるようになりました。母は、人前で失態をおかす恐怖から、家にこもるようになったのです。あんなにお出かけ好きだったのに……。父も不安定な母を人目にさらしたくなかったのでしょう。人が来ても、

「おっ母は寝よるんじゃ」

と、玄関先で帰してしまうようになりました。

それまでは人がよく遊びに来る家でした。

母は聞き上手のうえに口が堅かったので、「信友さん聞いてえや」とよろず相談が次々と持ち込まれました。愚痴をこぼして母に励まされ、笑顔で帰る人も数知れず。父も母の友人を大切にし、自慢の「豆からひくコーヒー」でもてなしていました。

母の認知症は、そんな両親を急に秘密主義にしました。よそよそしさを感じた友人

たちも「もう信友さんのところには行かん方がええんかね」と、足が遠のいてゆきました。両親はしだいに地域社会から遠ざかり、ついにはひきこもりのような状態になっていったのです。

普段、離れて暮らしている私は、近所の人からその話を聞くまで、恥ずかしながら気づきませんでした。

そうなると一番の問題は、母に話し相手がいなくなることです。父は頼りになる庇《ひ》護《ご》者《しゃ》ではありますが、なんせ耳が遠いのです。母が話しかけても、聞こえなかったり、何度も聞き返したり。母もしだいに面倒になって黙ってしまう。私が電話できない日など、一日中、会話らしい会話をしない日もあったかもしれません。

刺激のない生活が、認知症の進行を早めてしまったのではないか——私が今でも悔やんでいることです。

そして私が帰省すると、母はそれまで胸にためてきた思いを、せきを切ったようにぶつけてくるのでした。

心の内をさらけ出した母

「お母さんはわからんようになってしもうた。どうしたらええんじゃろうか」

「お母さんおかしい思うじゃろ？」と訴える母
©2018「ぼけますから、よろしくお願いします。」製作・配給委員会

母の突然の告白に息が止まりそうになりました。２０１６年正月のことです。

母はテーブルの下にもぐり、目の焦点が定まりません。こんな姿を見たのは初めてでした。冗談めかして「ぼけたんかねぇ」と自嘲《じちょう》することはあっても、心の内を切々と訴えてくることなどなかったのです。

「あんたも、お母さんおかしい思うじゃろ？」

直球で聞いてくる母。こうなったらごまかせません。

「うーん、おかしいような気もするね……」

「ほうじゃろ、やっぱりね」

母は泣き出していました。

「あんたに迷惑かけるね。どうしよう」

お母さん、ずっと一人で悩みよったんね？　つらかったね……。気がつくと私も泣いていました。そして言いました。

「迷惑なわけないじゃろ、家族じゃに。お母さんがどうしようか思わんでも、直子が何でもしてあげるけん」

「ほんま?　ありがとね。頼むね」

私をすがるように見つめ、何度も「頼むね」を繰り返す母。

このやりとりは映像に残っています。見るたびに胸が締めつけられます。私は本当に母との約束を果たせただろうか。

認知症の人はぼけても何もわからなくなるわけではないと、あらためて気づかされました。本人が一番敏感に苦しんでいるのです。家族はそんな本人にどう寄り添えばいいのか。おそらく正解はないと思います。うちの場合は「そのうち治るよ」などという気休めは通用しなかったので、

「お母さんの気持ち、わかるよ」

「私はいつもお母さんの味方よ」

この二つを繰り返し伝えていました。

いま映像を見返すと、混乱の場面でも、母はあることをずっと気にしています。

「夕飯はどうする?　何か買《こ》うとるじゃろうか。あんた何が食べたい?」

もう料理はできなくても、帰省した娘をもてなしてやりたいという気遣いは変わらないのです。親心にまた涙があふれました。

空気を和ませた父の返事

「私はおかしゅうなった。どうしよう」

認知症の人からこう訴えられたとき、家族はどう対応すればいいのでしょうか。最初のうち、私は母に感情移入して、一緒に泣いていました。大好きな母が苦しむ姿は見るに堪《た》えず、分かち合うことで少しでも楽になってほしい。そう願ってのことでした。

ただ、そうなると私自身が思い詰め、不安定になってしまいます。今思い返すと当時の私はかなりの鬱《うつ》状態でした。受け止める側に気持ちの余裕がないと、認知症の人はますます混乱し、追い詰められてゆくのです。

案の定、母の言動は次第にエスカレートしていきました。「私が邪魔なんね？」と突っかかる。「あんたらに迷惑かけるけん出て行く」と制止を振り切って外に出ようとする。そしてついには、

「死にたいけん、包丁持ってきてくれ！」

ぼけますから、よろしくお願いします。

暴言を吐く母は、目が三角になって手がつけられず、途方に暮れました。どうしても「あのやさしかった母が……」と思ってしまうので、余計に涙が出てきます。悪循環でした。

しかしそんなときも父は泰然としていました。もともと安気《あんき》な性分ではあります。安気とは広島弁で「お気楽」というような意味。でも身もふたもない言い方をすれば、父は耳が遠くてよく聞こえなかったのです。母が何を叫ぼうと、

「何じゃ？　わしゃ聞こえんわい」

とすっとんきょうな返しが来るのですから。そのうち母も力が抜けて、

「もうええわ」

私も思わず吹き出し、その場が和みました。

そして気づいたのです。ああ、こうやって笑いが生まれたら、母も安心するんだな、と。母は自分の居場所がないと感じているのですから、「お母さんがおっても、お父さんも私もこんなに楽しいんよ」と態度で示せばいいのです。そうすれば母も「ああ、私はここにおってもええんじゃね」と安心します。

もしかしたら父の「聞こえんわい」は、空気を和ませ、笑顔を生むためのお芝居だったのかな。そう思うこともあります。

コツのセリフは「おっ母、こりゃどうすりゃええんかの」

認知症になると、家の中で今まで果たしてきた役割ができなくなります。母は家事すべてを仕切るスーパー主婦でしたから、どう引導を渡すかは大問題でした。どの家事にも母なりのこだわりがあるからです。私が下手に手を出すと、すぐに気配を察して飛んできて「そうやるんじゃない」とダメ出しが入りました。

それは、居場所を娘に奪われるという危機感の裏返しだったと思います。「この家のことは私に従え。勝手なまねは許さん」とばかりに、ムキになってマウントを取りにきました。例えば、

「そう水をバシャバシャ使《つこ》うたら水道代がもったいないわ！」

おお、怖い。

それでも分が悪くなると、最終手段は洗濯機の前や台所の入り口に立ちはだかっての通せんぼ。

「お母さんのやり方があるんじゃけん。あんたは余計なことせんの！」

体当たりで突き飛ばされたこともありました。

女同士だからこそのライバル心だったと思います。その点、父は驚くほどすんなり、

洗濯機も台所も使わせてもらっていました。

見ていると、父の介入にはコツがありました。

「おっ母、こりゃどうすりゃええんかの」

と、いちいち教えを請《こ》うていたのです。そして母のやり方をメモに取りながら覚え、その通りに実践する。そうやって母から「免許皆伝」を勝ち取り、助手として重宝されるようになっていきました。

母の言い分は、

「まあ、お父さんが私の言うた通りにやってくれるんなら、洗濯は任してもええわ」

私も思わず苦笑い。

父が指示通りやっているか、ちょっと偉そうに目を光らせる母。仰《おお》せに従って曲がった腰でせっせと働く父。私はイソップ童話の「北風と太陽」を思い出していました。父は無意識に、ガチガチに防御していた母の心を解きほぐす太陽になっていたのです。

さすがお父さん。どうしても北風対応をしてしまう娘は、父に教わることばかりです。

家計簿に残る母の矜持《きょうじ》

母のそばで魚を焼く父
©2018「ぼけますから、よろしくお願いします。」製作・配給委員会

私の手元に、母の家計簿があります。最後の記録は２０１５年5月2日。コンビニでおでんを買っています。認知症と診断されたのは14年1月ですから、その後も母は1年半近く、買い物に行き、家計簿をつけていたのです。

母の文箱《ふばこ》にこれを見つけた時は驚きました。正直、もっと前から買い物は父に任せていたと思っていたからです。1年半も頑張っていたのか……。それはまさに母の執念とも言うべき、認知症との格闘記録でした。

母はもともときちょうめんな人で、毎日こまめに家計簿をつけていました。夕食後にそろばんをはじいて、財布の残金と照合する姿。母を思い出すと最初に浮かんでくる光景です。

「どうしても○円合わん。気になって寝られんわ。何買うたか、あんたわからん？」

そう聞かれて一緒に考えたこともしばしば。幼い私が母に頼られてうれしかったのを覚えています。母の家計簿は美文字なのも相まって芸術品みたいだなあと思っていました。

しかし認知症の気が出てきた頃から、文字に震えやゆるみが見られるようになりました。そして計算間違いも目立つように。使い慣れたそろばんでも一度で正解が出せず、何度も消しては書き直しているのです。

買う物も、野菜や魚などの食材が減り、調理済みのお総菜やコンビニ弁当が増えていきました。料理上手だった母がコンビニ弁当なんて……。私が衝撃を受けた何倍も本人は情けなかったと思います。そう言えばいつもコンビニには紺色の布袋を持参していた母。買ったのがお弁当だと他人に知られたくない。そんな意地があったのでしょう。

最後のほうの家計簿は、書いているうちにわからなくなったのか、乱暴に塗りつぶされた箇所が目立ちます。母の頭の中そのものだ。そう直感し息が止まりそうでした。お母さん苦しかったね。よう頑張ったね。

ギリギリまで自分の役目を果たそうと必死だった母。その矜持は私の誇りです。

親心につけ込んだ悪人を絶対許せない！

２０１５年のお正月に帰省すると、冷凍庫に立派な乾燥昆布がぎゅうぎゅうに詰め込んであって驚きました。20袋はあったでしょうか。家族３人で数年かけても食べきれない量です。

「どうしたん、これ？」

思わず聞くと父が「バレたか」と、きまり悪そうな顔。

「北海道の海産物屋じゃ言う電話があっての。言われるままにおっ母が買うてしもうたんよ」

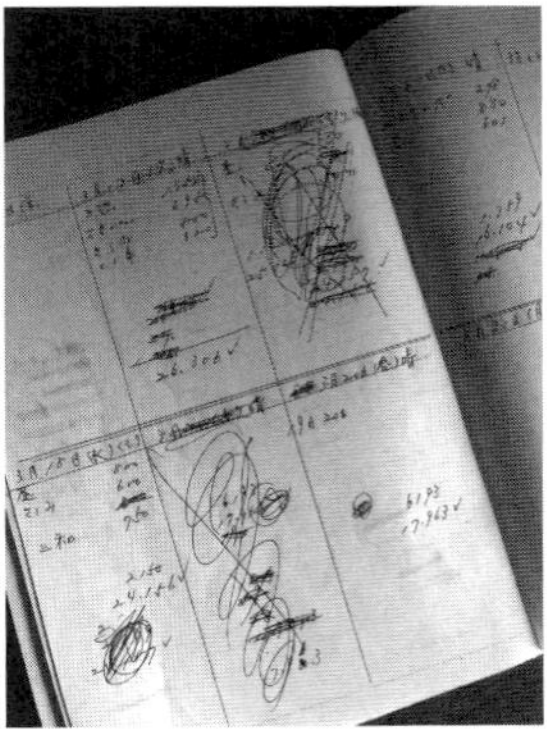

塗りつぶされた母の家計簿

うちは父の耳が遠いので、電話には母が出ます。父が気づかないうちに、悪質な電話勧誘に引っかかってしまったのです。

他にも、大きな新巻鮭《あらまきざけ》まるごと１匹やホタテ、カニなども注文したらしく、代金引換でどさっと届いて父はビックリ。「そんなものは知らん」と断ろうとしましたが、母が、

「電話がかかってきて私が買うたんよ」

と、それだけはしっかり覚えていたのだとか。

いくら払ったのか父はかたくなに教えてくれませんでしたが、どうやらかなりの額だったようです。なんせこの数年後、うちに警察官が来て、

「電話詐欺《さぎ》グループが検挙されたんですが、名簿にお母さんの名前が載っていました」

と言われたのですから。

結局、魚介類は食べ切れないと判断して近所に配り、大量の昆布だけが冷凍庫に隠されたようです。鮭やホタテこそ冷凍保存してほしかったのに、もう母にはその判断力はなくなっていたのでした。

「悪いことしたねえ」

母は相当落ち込んでいました。父と私が「もうええよ」と慰めても何度も謝ってきます。

「上物《じょうもの》の鮭じゃ言われてね。直子は鮭が好きじゃけん、正月に一緒に食べよう思うて……」

消え入りそうな声で言う母。私のために買うてくれたん、お母さん――。思わず母を抱きしめて、一緒に泣いてしまいました。

母はそれから1か月はしょげていました。認知症の人でも、感情を強く揺さぶられた出来事は忘れにくいと言います。親心につけ込んで母を傷つけた悪人たちのことは、今も絶対に許せません。

自分の城での「籠城《ろうじょう》」は娘への思いやり

「あんたがこんなにこまめに煮炊《にた》きをするとはねえ。お母さんはもう安心じゃわ」

ある日突然、母から笑顔でこう言われました。そしてその日以降、母は台所の定位置を譲ってくれるようになったのです。いかにもプライドの高い母らしいやり方でした。最大限の威厳を保ったまま、大切な自分の城を娘に譲り渡したのです。

そう、昔から台所は母の城でした。私が料理を任せてもらえるようになってからも、食事の後片づけだけは長く母の担当でした。

「あんたはご飯を作ってくれたんじゃけん、休んどきなさい」

そう言って一人で洗い物をし、生ごみをまとめ、流しを磨いていました。

そうしていると「家族の役に立てた」と安堵できるのでしょう。母の思いが痛いほど伝わってきたので、私も手を出さないようにしました。昔の何倍も時間はかかっていましたが、そうやって母が片づけた台所は、昔と同じようにピカピカなのでした。

台所にはこの頃、私が料理をする時間以外は、たいてい母がこもっていました。まさに「籠城」です。一体何をしているの？　気になってのぞいてみると……。

「これはこっちでええんかいね」

「これはどこへ置くんじゃったかいね」

と、洗った鍋《なべ》や食器を手にブツブツ独り言。戸棚に入れたり出したりを繰り返しています。いつもの場所にちゃんとしまったか、必死に確認していたのです。もはや動きにくくなった頭で。料理する私に迷惑がかからないように。

自分の城の中のことはすべて把握し、ほころびがあれば自分の手で修復する。それが長年台所を守ってきた母の責任感であり、城を継ぐ娘への思いやりなのです。

母の確認作業はこの日も、私が「もう寝ようや」と言うまで続きました。母が寝た後、食器棚に鍋を発見して正しい場所に戻しておいたことは、もちろん内緒です。

老夫婦二人暮らしはいよいよ限界に

母の認知症が進み、私は実家に帰るたびに冷蔵庫の中を点検するようになりました。怪しいものが入っていないか……。すると密閉容器の中に、カビでびっしり覆《おお》われたごはんを発見。青、黄、黒。カラフルなカビの模様は逆に美しく見えるほどです。いったい、いつからここにあるんだ？

それでも安心したのは、母がひと目見るなり、

「こりゃもう食べられんね。食べ物を粗末にしたらバチが当たるが、しょうがないわ」

そう言ってすぐに捨てたことでした。まだその判断はつくんだ。それなら異物を口に入れる心配はなさそうだな。

しかし父にその話をしたら、驚くような話が返ってきました。

「わしは腐ったもんは気がつくが、おっ母はこの間、腹を下したけんのう。何か古いもんを食べたんじゃろう思うよ」

トイレに間に合わなくて廊下を汚し、一生懸命拭《ふ》いていたと言うのです。初耳でした。思わず父に詰め寄りました。

「お母さん下痢したん？　私聞いとらんよ。何のために私が毎日電話しよる思うんね？　そうなことがあったら教えてくれんと」

そう、いつ電話しても二人とも「大丈夫」「元気にしとるよ」しか言わんくせに。どこが大丈夫なんね！

するとと父は、

「おっ母がわしにも隠そう思うて、必死になって廊下を拭いたり汚れたパンツを洗うたりしよるのに、わしがあんたに告げ口できると思うか？」

ぐうの音も出ませんでした。おっしゃる通り。何なんだ、この夫婦の連帯感は。二人の絆《きずな》はあっぱれですが、ここは感心している場合ではありません。たまたま今回は大ごとにならずにすんだけど、もっと重篤《じゅうとく》な事態になることだってあり得ます。介護サービスを利用して、ヘルパーさんに食料を管理してもらわないと、いつか大変なことが起きるのでは……。老夫婦二人の暮らしはもはや限界のようでした。

布団《ふとん》から出ずに寝てばかり……

母はますます、朝起きられなくなってきました。何度声をかけても「放っとってや」と、ぐずって布団にもぐったままです。

母の気持ちになってみると想像がつきます。目が覚めたはええが、私はどこにおるんかね？　今は朝かいね、昼かいね？　きっと自分を巡る状況が何も理解できないのでしょう。だから怖くなってまた目をつぶり、睡眠に逃げ込もうとするのです。

父と私が二人で会話をしているのも、母には気に入らないようでした。話の内容が理解できないから、自分だけのけ者にされていると感じるのです。

「何であんたらだけ起きとるん？　何の話をしよるん？　何で私を起こしてくれんのね？」

そう言って怒り出すこともしばしばでした。さっきまで「放っといてくれ」と言っていたのに……。父と私は振り回されてばかりです。

母に疎外感《そがいかん》を与えるのが一番良くないので、父も私も必死でご機嫌を取りました。そうしないと「私が邪魔なんね」「おらん方がええんじゃろ」と被害妄想が膨らんで、手に負えなくなるからです。そして、父も私も次第に母に気を遣うことに疲れてきました。

それでも私が帰省している間は、母をなだめすかして起こしていました。でも二人だけになると、父は母を好きなだけ寝させることにしたようです。父いわく、

「朝ごはんを作ってやっても食べずに寝とるけん、それはわしが昼に食べるんよ。まあ夜におっ母の好物の刺し身を用意してやったら、起きて食いよるわい」

父が母との衝突を避けたい気持ちは痛いほどわかります。でも、一日中寝てばかりで栄養や水分は足りているのか？　足腰が弱って歩けなくなるのではないか？　どんどん認知症がひどくなってしまわないか？

母のためにはやはり、規則正しい生活と適度な刺激が必要だ。私は介護サービスの必要性を、切実に感じ始めていました。

介護サービスの受け入れにつながった番組化

信友家が介護サービスを利用し始めたのは、2016年初夏でした。母が認知症と診断されて2年以上経《た》って、やっとです。それまでは父の「人の世話にはなりとうない。わしの男の美学じゃ」という固い信念に阻《はば》まれて、お願いできずにいたのです。

父の信念を変えるきっかけとなったのは、私が両親の映像をずっと撮っているのをフジテレビのプロデューサーが知ったことでした。それがどう介護サービスの受け入れにつながったかと言うと……。

「認知症のお母さんが元気な頃から撮っているのはすごい。ぜひ番組にしましょうよ」

プロデューサーに熱心に口説かれたものの、最初は二の足を踏んでいました。両親のプライドがあるからです。二人とも、母の認知症を世間に知られたくないのではないか？

半面、私はこの映像をいつかは公表したいと思っていました。母が自分の異変を自覚して「これからどうなるんかね」「あんたらに迷惑かけるね」と悩む様子が撮れていたからです。認知症になったら何もわからなくなるのではなく、本人が一番苦しんでいる。その事実を母の姿からぜひ知ってもらいたい。

でも、このタイミングでいいのか……。

恐る恐る両親の意向を聞きに帰りました。すると父は、

母の認知症を初めて扱った番組用の宣伝写真。二人とも番組づくりをすんなり了承してくれた

「あんたの仕事の役に立つんなら、わしは協力するで」

驚くほどすんなり了承してくれたのです。そうだった。昔から父は、私のやりたいことを全力で応援してくれる人でした。お父さんありがとう！

そして母も負けじと、

「お父さんがええんなら私もええよ」

しかし、次に出た父の言葉は強烈でした。

「わしらを番組にするのはええが、おっ母に介護サービスを受けさすわけじゃないけんの。それとこれとは別問題じゃ。間違うなよ」

しっかりくぎを刺されました。わかっとります、お父さん。そこは譲れんのよね。
この難攻不落の壁を崩してくれたのは、東京から吹いてきた新しい風でした。

第三章　我が家に介護サービスがやって来た！

好青年カメラマンの来訪にいろめきたつ両親

２０１６年４月。フジテレビの番組を作るため、東京からカメラマンを呼びました。長年の仕事仲間の河合《かわい》くんという好青年です。目的は、実家近くの地域包括支援センター（各市町村にある、高齢者の生活や健康に関する相談窓口）を取材することでした。

実家の取材は、はなから諦《あきら》めていました。父から、

「わしらのことを撮るのは直子のカメラだけにせえよ。カメラマンか何か知らんが、よそ者を家に入れるなよ」

ときつく言い渡されていたからです。おそらく実家には入れてもらえないだろうな、と思っていました。

ところが……。

バス停に河合くんを迎えに行き、あいさつだけでもと実家に連れてきたら、なんと母が口紅をつけて待っていた！

「まあまあ、直子がいつもお世話になっております。どうぞお上がりください」

満面の笑みで、かつての社交性を取り戻したかのようにごあいさつ。私が「カメラマンを迎えに行ってくるわ」と言ったのを一生懸命覚えていて、娘の仕事仲間が来るならとできる限りのおしゃれをしたのです。ちょっと泣きそうになりました。

「まあお上がりなさい―」

母に導かれて河合くんは家の中へ。信友家にとっては何年かぶりの来訪者です。

耳が遠い父は玄関でのやりとりが聞こえなかったらしく、突然目の前に現れた若い男性にビックリ。

「どしたんな⁉」

しかし、面と向かうときついことは言えないのが、父のやさしさです。

「ああ、直子がお世話になっとる人か。ほんならコーヒーでも淹《い》れようかの」

お父さん、申し訳ない……。

母は、若い男性を前にはにかみながら、なぜか少女の頃の思い出話を始めました。

河合くんが聞き上手なので本当にうれしそう。父も母の笑顔に感じるところがあった

地域包括支援センターの所長さん（左）と高橋さん（中）に両親の映像を見せる私

ようです。そのうえ、

「コーヒーおいしいですねえ」

と褒めてもらった父は喜色満面。

「ほんま？　ありがとね！」

ここ何年かよどんでいた信友家の空気が、にわかに動きだした瞬間でした。


え？　河合くんに聞くん？

呉の実家近くの地域包括支援センターにカメラマンの河合くんと一緒に行った目的は、番組取材の一環でした。でも、せっかくの機会だから、うちの現状を全部話して今後の相談をしたい――。そんな切実な願いも抱えての訪問です。

出迎えてくださったのは所長さんと、看護師の資格を持つ女性職員の高橋さん。両親の映像を丹念に見て、

「これは心配なケースですね」

と言われました。

「お父さんはよう頑張っとってですが、いつ何が起きてもおかしくない印象ですね。今はギリギリ二人で支えおうて暮らしとられますが、かなり危なっかしい状態です。周りのサポートがぜひとも必要ですね」

そして高橋さんから持ちかけられたのです。

「一度お宅にお邪魔して、お父さんとお話しさせてもらえんでしょうか」

さあ困った。父は絶対にうんと言わないはずです。

「父は嫌がると思うんですよ……」

「最初はそれでもええんです。『うちは助けは要らん』言われても、『わかりました。でも気になるけんまた来《こ》さしてね』と言える関係が作れれば。『その後どうですか？』と何回も顔を出せば、いつかは私らに頼ってみようという気になられるかもしれんし」

家に帰り、恐る恐る父に切り出しました。

「市の職員さんが、いっぺんお父さんと話してみたい、言いよってんじゃけど……」

すると、断固として拒否すると思った父は、意外な反応。

「河合さんはどう思うてですか？」

え？　河合くんに聞くん？

東京からやってきて、両親を久しぶりに笑顔にしてくれた河合くん。父はもはや相談事をするほど心を開いていたのです。

「頼りになりそうな人でしたよ。話だけでも聞いてみたらいいと思います」

「ほうか、ほんならいっぺんだけ会《お》うてみようかの」

頑固だった父の心は、目に見えてやわらかくなってきたのでした。

初めて聞いた父の本音に胸をつかれる

地域包括支援センターの高橋さんは、相談に行った翌日にはもう両親を訪ねて来てくださいました。

父は「どうぞ、どうぞ」と迎えながらも、内心は何か提案されても断る気満々。なんせずっと、

「人の世話にはなりとうない。わしが元気なうちは、おっ母の面倒はわしが見る。それが男の美学じゃ」

と言い切ってきた人ですから。

しかし高橋さんは百戦錬磨の強者《つわもの》でした。今まで何人もの頑固なお年寄りを、粘って口説いて介護サービスにつなげてきた人です。まず、

「お父さんはホンマによう頑張っとってですねえ」

と持ち上げて、プライドをくすぐります。その上で、

「じゃけど、いつ何が起きるかは誰にもわからんもんねえ。たとえばもし、お父さんが転んで起きられんようになったらどうします？」

と、揺さぶり戦法に。

「わしゃあ、何かあったら娘に頼めばええわい、思うとるんですよ」

とあくまでも食い下がる父には、

「東京からじゃと半日かかるけんねえ」

そして、私がこれまで遠慮して言えなかったことをズバッと言ってくださったのです。

「娘さんは、何かあってもすぐ駆けつけられる距離じゃないけん、心配しよってんよ。これ以上心配かけんように、私らが何でもお手伝いするけん、呉で一緒に頑張りましょうや」

これには父もほだされたようで、

「ほんまよのう。女房が認知症になってからは、娘を何べんも呉へ帰らすことになって悪いのう、とは思うとるんじゃ。交通費もかかるじゃろうに」

お父さん、そんなこと考えとったんね……。初めて聞く父の本音に胸をつかれました。今考えると、父も潮時だと思っていたのかもしれません。私の前では家長の威厳を貫いていたものの、本心は心細かったのではないでしょうか。そう思うと、家族には言えない、他人にだからこそ話せる本音というのもあるのかもしれません。

父は高橋さんが持参した『わたしたちの介護保険』という冊子を、

「読んでみますわい」

と受け取り、真剣に読み始めたのです。

父は介護サービスを受ける決心をしたけれど

初めての介護サービスに前向きな姿勢を見せた父。それからは、もう後ろを振り返ることはありませんでした。持ち前の熱心さで、それこそ猛然と勉強を始めたのです。私が番組作りのために持ち帰っていた介護関連本まで、「わしにも読ましてくれえや」と借りていくほどでした。

一方で私は、あんなに介護サービスにつながることを望んでいたのに、父に悪いことをしたかなと罪悪感を抱くようになっていました。父が少し自信をなくしたように見えたからです。

「わしも年とったのう」

父は言いました。

「誰の世話にもならん、一人で生きて一人で死んでいく、思いよったが、年とったら迷惑を掛けるようになるんじゃのう。こりゃあもう、しょうがないわい」

父にとって母の介護サービスを受け入れることは、自分の限界を認めることです。手に負えなくなったから助けてください、と白旗を揚げることです。私は父の誇りを傷つけてしまったんじゃないか？　私の安心のために、父を傷つけてもいいのか？

でも、こうも思うんです。

人は必ず年をとる。父だって一人で母の面倒を見られなくなる日がいつかはやってくる。今、父が感じているだろう無力感は、いつかは味わわなければならないものなんだ……。ああ、私の思考はいつまでたっても堂々巡りです。

その点、過激な物言いをする母はかえってツッコミやすい。だから母と接するのは気が楽でした。

「私はもう死んだ方がええね。よその人にまでああやって迷惑掛けるんじゃけん」

と母。私は、

「そうなこと思わんでもええわ。あの人らはあれが仕事なんじゃけん。お母さんみたいな人がみんな死んでしもうたら、あの人らも仕事がなくなって困ってじゃろ？」

「ほうかね。ほんなら私は、あの人らのお役に立っとるいうこと？　ほんならまあええか」

死んだ方がいいと言っていたのにご満悦の笑顔です。母は介護サービスが始まっても、意外と大丈夫かもしれません。

背中を押してくれたかかりつけ医

母の介護サービスを受け入れ、元気をなくした父が心配で、私は両親の数十年来のかかりつけ医だった佐々木先生に相談に行きました。もう引退されていましたが、

「そりゃあ心配なねえ。ちょっと顔出すわ」

とわが家までわざわざ来てくださいました。

佐々木先生のお顔を見た両親のうれしそうなこと。父なんて「元気そうなねえ」と言われただけで背筋がしゃんと伸び、歩き方もぴょこぴょこ飛び跳ねそうな勢いです。母も「ありゃ！　先生じゃわ」と満面の笑み。

両親の性格や暮らしぶりをよく知っておられる佐々木先生なので、アドバイスもかゆいところに手が届くよう。父の読みかけの本を見て、

「介護の本を読みだしたん？　あいかわらず勉強熱心なねえ。介護保険はようできとるけんね。上手に使うたら、こうにええもんはないんよ」

と詳しく説明してくださいます。そして母には、

「友達が多い人じゃに、ずっと家におったらさえんかろう（つまらないでしょう）。人としゃべるのは大事なんよ。脳の血流が良うなるけん。そしたらね、ぼけんの。楽しい生活をしよっちゃったら、そうぼけやせんけん。心配しんさんな」

言われた母は何を思ったか、父に向かって、

「ほうじゃと。楽しい生活をせにゃあ。ねえ、ぼけまあね、お父さん」

「ぼけまあね」とは、「ぼけないようにしようね」という意味です。

「え？　お母さん、お父さんの心配をしよるん？」

父も私も思わず笑ってしまい、場はほっこりとした空気に包まれました。

佐々木先生にも背中を押してもらい、父は要介護認定の申請をすると決めました。

そして母の介護サービスが始まったのです。

つい最近、父がつぶやいた名言があります。

訪ねてきた佐々木先生（右）にはしゃぐ母

「年寄りにとって『社会参加』いうのは社会に甘えることなんじゃのう。かわいい年寄りになって、何かしてもろうたら『ありがとう』言うんが、わしらの社会参加じゃわい」

へえ、あの頑固じいさんがここまで意識を変えたとは……。できることは自分でやるけど、できなくなったら素直に頼って感謝する。父はどんどん進化を遂げているようです。

95歳父の自信になった要介護認定「非該当」

母が認知症になって2年後の2016年、父はやっと母の要介護認定を申請する決心をしました。

実はこの時、申請をしたのは母だけではありませんでした。

「お父さんも申請してみん？　タダじゃけん」

地域包括支援センターの高橋さんに勧められ、無料という言葉にめっぽう弱い父は、「ほんならわしもしてみようかの」

とその気になったのです。

要介護認定を申請すると、市役所から訪問調査に来られました。生活ぶりを見て要介護度を判断されるので、ありのままを見せることが大事なんですが……。調査員の方が来られたとたん、母が急にシャキッとして「できる主婦」を装《よそお》ったので焦《あせ》りました。

「家の中のこと？　そりゃ当然、私が全部しよりますよ。ええ、料理も洗濯も」

すました顔でそう答えたのです。

えー、うそじゃろ、お母さん！　なんでここで「ええカッコしい」するんね？　目で一生懸命「うそですよ」の合図を調査員さんに送ります。せっかく父を説得して申請までこぎつけたのに、水の泡になったらどうしよう。

でも調査員さんはちゃんとわかっておられました。その場では「すごいですねえ」と母を褒めて喜ばせ、母のいないところで父と私に聞き取りをして、実態をきちんと把握して帰られたのです。さすがプロです。ホッとしました。どうやら母の反応は「認知症の人あるある」らしいです。

そして1か月後。両親にそれぞれ要介護度の通知が届きました。

母は要介護1。介護サービスを利用できそうでひと安心です。そして父は――なんと「非該当」でした。あなたは介護の必要はありません、という意味。95歳で非該当はすごいことです。

「わしゃまだまだ大丈夫じゃの」

父は大喜び。大きな自信につながったようです。このお墨付きが励みになって元気に100歳を迎えたのですから、あのタイミングで申請したことは大正解だったと言えるでしょう。

きれいも汚いも併せのむ夫婦の絆《きずな》

要介護認定の聞き取り調査の時、父が調査員さんにした話の中には、初めて聞くものもありました。母の紙おむつの話です。

母は少し前から時々、おもらしするようになったので、紙パンツをはいてもらうようにしていました。私がいる時はいつもちゃんと着けていたので、問題ないと思っていたのですが……。

調査員さんに聞かれると、父は、

「はかそう思うてもなかなかはいてくれんけん、困るんですよ」

と言ったのです。父がいくら説得しても、

「私がもらすわけないいじゃろ。そんなもんは、はかん」

と、母はすぐに布の下着をはいてしまうのだとか。そうするとトイレに間に合わず廊下が汚れてしまうので、水たまりを見つけるたびに父が拭《ふ》いていると言うのです。

「女房は知らん顔しとるけん、わしが拭いてやるんですわ。女房の下着も替えさして洗わんといけんし、大ごとですわい」

そんなことを笑って話すので、驚くと同時に申し訳なくなりました。

調査員さんが帰られた後に、さっそく父に尋ねました。

「私がおる時はちゃんと紙パンツはいとるじゃない？」

すると、

「そりゃあ、おっ母もあんたには恥ずかしいところを見せとうないけんの。わしが『直子が帰ってくるけん、面倒かけんように紙パンツはいとけや』言うたら、その時だけは言うことを聞くんじゃ」

え、そうじゃったん。その瞬間、いろんな感情が一気に押し寄せてきて、胸がいっぱいになりました。

本当は紙パンツなんかはきたくないという母のプライド。だけどおもらしして娘に迷惑をかけるのはもっと嫌だという親心。でも父になら多少甘えても平気だという信頼感。そして、それに応《こた》えて床を拭き、母の下着を洗ってやる父の愛情……。きれいも汚いも併せのむ、強くて深い夫婦の絆。娘には到底立ち入れない深淵《しんえん》をのぞいた気がして、私はしばし立ちすくむ思いがしたのでした。

ケアマネジャーと好相性にひと安心

母が「要介護1」と認定された数日後。地域包括支援センターの高橋さんが、ケアマネジャーの小山さんを連れて来訪されました。ケアマネジャーとは、介護の計画を立てて、具体的な人選や施設選びをしてくれるコーディネーターのような存在。これからの母の介護のキーパーソンです。

高橋さんいわく、

「小山さんは娘みたいな感覚で話せる人じゃけん、ご両親と相性がええと思いますよ」

本当にその通りで、小山さんに笑顔で、

「お父さん、お母さん、これからよろしくお願いします」

とあいさつされると、父も母も目を細めてやたらとうれしそう。

「あんたまだ若いのにえらいねえ」

とねぎらう母は、小山さんが実は中学生を頭に3人の子のママだと聞いてビックリ。

「そうに大きい子がおってん？　子育てして家のこともやって仕事もしよってん？

そりゃほんまにえらいわあ。直子も見習わんとね」

ありゃ、いつの間にかこっちに火の粉が飛んできた。

まあ、お母さんが楽しそうじゃけんええか。父も母がご機嫌でホッとしたのでしょう。歓迎の気持ちを込めてコーヒーを淹れています。

小山さんからは、まず週1回のデイサービスと、週1回のヘルパー派遣から始めることを提案されました。そしてヘルパーさんにはなんと、ご自分の親御さんのためにお願いしているベテランヘルパーさんを推薦してくれるというのです。これはどんな人選より信用できます。だって、誰でも自分の親にはいいヘルパーさんをお願いしたいものですから。

介護のプロが頼んでいるヘルパーさんがわが家にもやってくる！　思わずメアリー・ポピンズみたいな人を想像して、いやが上にも期待が高まります。

デイサービス施設も、いろいろと見学に行き、民家を改装した、少人数で家庭的な

介護保険証を見ながら今後の相談をする母と小山さん（中）、高橋さん（右）

雰囲気の施設に決めました。これで下準備はバッチリです。あとは母とのお見合いが、うまくいくかどうか……。

介護サービス関係者が信友家に集結

２０１６年６月末――。

これから始まる介護サービスの関係者が全員集合して、母との顔合わせをしました。地域包括支援センターの高橋さん、ケアマネジャーの小山さん、期待のヘルパー・道本《みちもと》さん、デイサービスの施設長さん。信友家にこんなに人が集まったのは何年ぶりでしょう。それも女性ばかり。父はにぎやかさに圧倒されて縮こまっています。

かたや母は生来の社交性をくすぐられたのか、少々浮かれ気味です。大声で話しかけられると、

「私は耳がええんじゃけん。聞こえんのはあっち」

とおどけて父を指さし、みんなを笑わせています。耳の遠い父は、何で笑いが起きたのかわからずどぎまぎ。これではどっちが要介護かわかりません。

週1回のデイサービスとヘルパー派遣の提案を、母は「ええですねえ。よろしゅうお願いします」とすんなり承諾。あっけないほど短時間で顔合わせは終わりました。でもそれは、母お得意の社交辞令でした。みなさんが引き揚げてからが大変だったのです。

父と私が「うまくいってえかったねえ」と感慨にふけっていると、母が「何を話しよるんね」と会話に割り込んできました。

「明日からお風呂《ふろ》の掃除しに来てくれてんよ」

と言うと、母は途端に不機嫌になりました。

「ええけん、そうなことしてもらわんでも！」

デイサービスに行くのも断固拒否。

「ここにおったら邪魔なんね？」

とおかんむりです。

「行ってみたら、気が合う者がおるかもわからんで」

と父がなだめても、

「私がおらん方がええんなら、そう言やあええじゃない！」

思わず私も感情的になります。

「そんなら、あの人らが来とっちゃった時に断りゃあえかったのに。お母さんがええ言うたんよ！」

するとは、

「誰が来ちゃったん？」

もはや来客があったことすら覚えてないんです。まだ10分も経《た》ってないというのに。これじゃあ先が思いやられるわ……。

ベテランヘルパーはさすがのおだて上手

母の「要介護1」認定を受けて、家事援助のためにベテランヘルパーの道本さんが週1回、家に来てくださることになりました。

その初日。

母は朝早くから家の掃除に大わらわでした。雑巾《ぞうきん》掛《が》けをしたり、玄関をほうきで掃いてみたり。この頃はもう掃除は父に任せきりだったのに、付け焼き刃で大車輪です。

父が、

「わしがもう掃除しとるけん」

といくら言っても、聞く耳を持ちません。主婦として「人が来てんなら、きれいにしとかんと恥ずかしい」。その一心なのです。

道本さんが門を開ける気配。母は敏感に察知して「来た！」。慌《あわ》てて掃除道具をしまい、身づくろいをして何事もなかったかのようにお出迎えです。

「いらっしゃいませ。まあまあ、ろくに掃除もしとらんのにねえ」

母としては謙遜《けんそん》のつもりだったのでしょうが、道本さんの返しが最高でした。

「あらそうなの？　じゃあ手伝いましょうか」

そりゃあヘルパーさんとしてはそう言いますよね。そのために来てるんですから。

鳩《はと》が豆鉄砲を食らったような母の表情を思い出すたびに笑えてきます。

ヘルパーさんの持ち時間は2時間。その間に洗濯や風呂掃除を済ませなければなりません。

「今日は天気がええですねえ。洗濯日和《びより》じゃわ」

何げなさを装い、洗濯機ににじり寄る道本さん。すると母は身を挺《てい》して通せんぼ。

「ええけん。私流のやり方があるんじゃやけん。放っとって」

縄張り意識むき出しです。ひりひりする展開。一体どうなるんだ？

道本さんの切り返しは見事でした。

「お母さんの洗濯の仕方を教えてくださいや。水道代の節約になるんじゃってね。私もお手本にさしてもらいたい思うて」

おお、いきなり下手に出て母のプライドをくすぐる作戦か！　母は破顔一笑。見事に乗せられたようでした。

「ほうね。ほんならまあ、教えてあげてもええけど」


「また来てね！」


道本さんは、一貫して母を立ててくださいました。

実際に出身小学校が同じとわかって調子に乗った母は、先輩風を吹かせまくり。自分の洗濯のやり方を押しつけ、

「違う！　もう1回ゆすぐの！」

道本さんがニコニコと助手に徹してくれるのをいいことに、命令し放題です。

母自身も頑張りました。いつもはすぐに「たいぎい」と途中で放り出してしまうのに、道本さんがいると俄然《がぜん》きびきび動くのです。汗だくになって働く姿なんて何年ぶ

りに見たでしょう。

それはとてもうれしい光景でしたが、母の気持ちを思うと切なくもありました。きっと母は、いくら「先輩」とおだててくれても、この助手の方が数倍仕事ができると気づいたでしょう。だから自分のポジションを奪われまいと必死なのです。

しかし……。

次第に母は、道本さんの手際《てぎわ》の良さを褒めるようになっていきました。もともとそういう「人の良さ」が母の持ち味。認知症になったからといって失ってはいなかったのです。風呂をピカピカに磨く道本さんに、母は目を細めて声を掛けました。

「きれいにしてじゃねぇ。私はこうにきれいにせんもんね」

この時おそらく、心の中でそっと白旗を揚げたのでしょう。母の気持ちを代弁すると、こうかもしれません――「うちのことはこの助手に任せた方がええんじゃろうね。できんようになった私が、いつまでもしゃしゃり出ちゃあいけんね」。

そう思えば涙も出ますが、私は自分に言い聞かせました。母にはこの「受け入れて納得する作業」が必要だったんだと。人は誰しも老いるのだし、何事もできなくなって当然です。いつかはこうやって、他人の手を、介護のプロの手をお借りすることになるのです。

初日の道本さんの帰り際には、「また来てんね？（来るの？）」とけん制していた母。けれども2度目の訪問からは、別れのあいさつが「また来てね！」に変わっていました。

デイサービス初日、素敵な出会いが

母は週1回のデイサービスにも通い始めました。

初回は、前日の夜まで、

「私をどこへ行かすんね？」

と攻撃的でした。

「みんなで歌ったり体操したりするんじゃと。楽しそうなねえ」

と言うと、

「私はそんなチイチイパッパみたいなことはせん！　子どもじゃあるまいし」

こりゃあ、かなり難航しそうな気配です。

しかし当日になると一転。朝早くから起き出して、

「今日はお出かけじゃろ？　何着て行こうかね」

なぜ急に行く気になったのか。理由は神のみぞ知る、ですが、もしかしたら父と私

をこれ以上困らせたらいけん、と母なりに気を遣ったのかもしれません。結局、勝負服のラメ入りセーターを着て、お迎えの車にすんなり乗り込んだのでホッとしました。

施設ではどうしているでしょう。気になって見に行きました。施設の方からは、

「お母さんに気づかれんようにしてくださいね。帰りたい言い出したら困るけん」

と念押しがありました。まるで幼稚園児の保護者になったような気分です。物陰からこっそりのぞくと……。

なんと母は、大声でわらべ歌を歌い、元気に体操しているではありませんか！　家ではあんなに「チイチイパッパはやらん」と言っていたのに。輪投げゲームにも、誰よりも張り切って参加しています。母のはじける笑顔を久しぶりに見て、胸が熱くなりました。

昼食時に突然、

「こうしちゃおれん。主人に食事を作りに帰らんと」

と言い出した時は慌てました。でもこうした言動は施設ではよくあることらしく、職員の方から、

「娘さんが作ってじゃけん大丈夫よ」

と聞くと、

初めて行ったデイサービスで、母（右）は同じ女学校出身の女性と意気投合
©2018「ぼけますから、よろしくお願いします。」製作・配給委員会

「ほうね」

と収まりました。

一番の収穫は、お友達ができたこと。同じ女学校出身のおばあさんと、娘時代の話で盛り上がって意気投合したのです。その方とはその後も相性バッチリ。認知症同士なので会うたび「初めまして」ですが、毎回同じ話題でキャアキャアと楽しそう。母の〝保護者〟としては心からうれしい光景です。


デイサービスを満喫する母に父も「安心」


デイサービス施設で半日を過ごした母は、ご機嫌で帰宅しました。本人はなぜかお寺へ講話を聞きに行ったと思っているようで、

「お坊さんがええ話をしてくれちゃった。勉強になったわぁ」

と満足げです。そして、

「楽しかったけん、また行ってもええ？」

これを聞いた時は、思わず心の中でガッツポーズをしました。

父も、母のいない間、新聞記事の切り抜きの整理に没頭できて、とてもリフレッシュしたようです。緊張が解けて寝転がる母に「あんたコーヒー飲まんか」とやさしく声をかけていました。半日息抜きできただけで、母をねぎらう心の余裕が生まれたのです。

その日、私が夕食を作っていると、母は、

「手伝おうか」

と久しぶりに台所にやってきました。ナスをむく包丁さばきは昔のままです。やはり外に出たことで刺激を受けたのでしょう。

そんな母の姿に父も、

「安心したわい」

デイサービス施設との連絡帳を広げて、うれしそうに「なんだか性格が明るくなったようです」と書き込んでいました。

思えば、母が認知症と診断されて2年3か月。介護サービスを受けるかどうか父と駆け引きを繰り返し、自分でも悩んできました。でもふたを開けてみれば「案ずるより産むが易《やす》し」。こんなにすんなり事が運ぶのなら、2年も悩むことなかった。もっと早くに、父に内緒で地域包括支援センターに相談すればよかった。ちょっと後悔したくらいです。

きっと父は「ケアマネジャー」や「デイサービス」といったカタカナ用語にも抵抗があったのだと思います。

「そうな小難しいものは要らん」

と言っていましたから。しかし、ケアマネジャーさんも、ヘルパーさんも実際に会ってみれば、同じ広島弁を話す人同士です。人柄を気に入ったら一気にバリアは消えるということがよくわかりました。

一度はひきこもり状態になった高齢の父と母。再び社会とつながって笑顔を取り戻せたことは、大きな自信になったようです。

母のエプロン姿に感動

介護サービスが始まってから、私も本当に気が楽になりました。東京にいても、父と母のことは介護のプロが定期的に見守ってくれている。この安心感は絶大です。以前は何をしていても両親のことが頭から離れませんでした。でも「何か異変があったらすぐ連絡してもらえる」……そう思えるだけで、目の前のことを格段に楽しめるようになったのです。

そしてあらためて気づきました。父と二人で介護を抱え込んでいた頃は、相当つらかったんだな、と。ストレスって少しずつたまっていくから、渦中《かちゅう》にいると案外気づかないものなんですよね。取り返しのつかないところまで行かなくてよかった……。

ヘルパーの道本さんは「お母さんの得意料理を教えてくださいや」と、母を立てながら、料理もしてくださるようになりました。

これに喜んだのは、急においしい料理が食べられるようになった父です。

「道本さんは料理が上手じゃのう。昔のおっ母よりうまいかもわからんで」

と母に聞こえないようこっそり私に耳打ち。

「次は何を作ってもらおうかの」

と買い出しにも熱が入ります。

「お父さんのヘルパーさんじゃないんよ」

とくぎを刺しても、どこ吹く風。自分の好物の肉料理をあれこれリクエストしてご満悦です。

道本さんからの報告ＬＩＮＥにはよく「今日のご両親」の写真が付いていて、それを見るのも楽しみでした。

一番うれしかったのは、母が頑張って作った大根おろしを手にほほ笑む写真。満面の笑みはもちろんですが、母がエプロンを着けていることに感動したのです。

記憶の中の母はいつもエプロン姿でした。認知症になってその習慣がなくなり、とても寂しく思っていました。でも道本さんにうまく誘導してもらって、再びやる気を取り戻した――。エプロンはその象徴に見えたのです。

あまりにもうれしかったのでこの写真、しばらく私の携帯電話の待ち受け画像にしていたくらいです。

道本さんから届いたLINEメッセージ。エプロンを着けた母の姿に感動！

おいしい「煮しめ」争奪戦

ヘルパーの道本さんのおいしい料理に関しては、今も父との間で笑い話になっている事件があります。

ある朝、東京の私に珍しく父か

ら電話がかかってきました。

「直子、聞いてくれえや」

と泣きそうな声です。

「どうしたん？」

「わしが大事に置いとった道本さんの煮しめを、おっ母がみな食うてしもうたんじゃ！」

電話の奥では母が、

「わたしゃ知らん、言いよるじゃろ！」

と声を張り上げています。よく聞くと、こういうことでした。

前の日に作ってもらった煮しめがあまりにおいしかったので、父は、

「おっ母、今日で全部食べたらもったいないけん、2日に分けて食べようや」

と、もっと食べたいのを我慢して、半分残しておいたのだとか。しかし……。

どうやら夜中にトイレに起きた母が台所で鍋《なべ》のふたを開け、「おいしげなもんがあるわ」と平らげてしまったようなのです。そしてさすが主婦、食べたらちゃんと片づけた。

なので翌朝、父がいそいそと台所に入ると、きれいに洗って伏せられた鍋だけが

――。

「おっ母、みな食うてしもうたんか！」

大ショックの父でしたが、母は当然そんなことは覚えていません。

「煮しめやなんか見たこともないわ。お父さん、ぼけたんじゃないん？」

「そりゃこっちのせりふじゃわい！」

それからというもの父は「おっ母に食われたら大ごとじゃ」とばかりに、道本さんのおかずを自分の枕元《まくらもと》に置いて寝ることにしたようです。私が帰省したら、枕元の新聞の山に鍋が埋もれているのを発見したこともありました。草むらに隠す戦法というわけです。父は鼻息荒く、

「これならさすがのおっ母も、ここにうまいもんが隠れとるとは思わんじゃろ」

いやはや食いしん坊の執念、恐るべし。

このエピソード、信友家では今でも、母の思い出を語る時には必ず登場する鉄板ネタです。でもこうやって父娘《おやこ》で笑い合えるということは、これも認知症がくれた贈り物なのかもしれません。

第四章　家族にしかできないこと

「介護はプロとシェアしなさい」

ヘルパーさんの派遣をお願いしたばかりの頃は、私にも葛藤《かっとう》がありました。一番申し訳なく思ったのは母のおもらし。いくら仕事とはいえ、他人であるヘルパーさんに始末してもらっていいのだろうか。やはり身内がすべきなのではないか……。娘がいるのに、他人に汚れ物を押しつけてしまう罪悪感が、どうしても拭《ぬぐ》えなかったのです。

もやもやした思いを抱えたまま、私の撮りためた映像と、呉まで来てくれたカメラマン・河合くんの撮りおろしで構成したテレビ番組「Mr.サンデー～娘が撮った母の認知症」の放送を迎えました。この時にスタジオでご一緒したのが、認知症専門病院「和光病院」（埼玉県）の院長、今井幸充《ゆきみち》先生でした。先生からいただいたアドバイスが忘れられません。

今井先生は、

「信友さんはまだヘルパーさんに遠慮がありそうだね」

とズバリ指摘。そして、その後の母との向き合い方の指針となった大切な言葉をくださったのです。

「介護はプロとシェアしなさい」

シェア＝役割分担です。プロとうまく役割分担して介護してゆくことが大事だというのです。

介護のうち他人にでもできることは、プロの方がうまいんだからプロにお任せした方がいい。わかりやすい例を挙げると入浴介助。これは、研修を受けているプロの方が家族よりはるかに上手です。本人だって、家族にふらつきながら介助してもらうよりも格段に安心できて、気持ちいいのです。

それでは、家族が果たすべき役割とは何か。今井先生は、

「その人を心から愛すること。これに尽きるよ」

とおっしゃいました。これはどんなカリスマヘルパーさんにもできない、家族にしかできないことだと。

「介護はこれから何年続くかわからないんだから、家族だけで抱え込んだら絶対パン

クするよ。他人に頼る覚悟を決めないと。自分が疲れちゃって、お母さんのことを恨むようになったらそれこそ本末転倒だよ」

先生のその言葉に、心の霧がサーッと晴れていくような気がしました。

家族の役割は「母を愛すること」

「介護はプロとシェアしなさい。家族の役割はその人を愛することと割り切って」

――今井先生からこう教わって初めて、自分が「介護家族の責任」を履き違えていたことに気づきました。

娘の私がいるのに、母の世話を他人のヘルパーさんに押し付けるなんて、責任逃れ……それまで内心そう思ってきました。でもそれは言葉を変えれば、世間体を気にしていたということです。「あそこの娘さんは、ぼけたお母さんの面倒も見ずに東京におるなんて、何を考えとるんじゃ？」そんな陰口をたたかれるのが怖かったのです。

認知症専門医の今井先生と。
映画公開時に駆けつけてくれた

だけど今井先生の話を聞いて、母の介護を全部自分で引き受けようとすることこそ、無計画で無責任なのだと思い知りました。

そりゃあ最初は高揚するでしょう。「母のためにこんなに頑張ってる自分、すごい！」と思って。期間がいつまでと決まっているなら、頑張り続けられるかもしれません。だけど介護は何年続くかわからないんです。

長引けば、息切れして追い詰められます。そうしたら、すべての原因である母のことを恨むようになるかもしれない。あんなに大好きだった母なのに。

それならば、家族が果たすべき責任は明らかです。「ずっと介護が続いたとしても、母を無理なく愛し続けられる介護態勢を作ること」——そのためのプロとのシェアなのです。

まあそうは言っても、ヘルパーさんへの申し訳なさが急に消えるわけではないんですが……。でも「申し訳ない」を「ありがとう」に変えて、ヘルパーさんに頼るところは頼って、自分がつぶれないようにするのが、ひいては母のためでもあるんですよね。

これからは、プロの人たちと介護をシェアすることで生まれた余裕を、母を愛することに向けよう。母が「もうわかったけん。ええけん」と音を上げるくらい抱き締めてあげよう。そう心に決めたのでした。

ご近所の温かさに救われる

「Mr.サンデー」の中で母の認知症を公にしたのは2016年9月でした。それまでも隠しているつもりはなかったのですが、ご近所にも言っていませんでした。今となれば、自分の中に「恥だ」と思う気持ちがあったと認めざるを得ません。

放送後は緊張しました。

全国放送なので近所の人も見たはず。どう思われただろう。

でも、そんな不安はすぐに払拭《ふっしょく》されました。早速、向かいのおばさんに叱《しか》られたのです。

「あんた、なんで教えてくれんかったんね？　水くさい。知っとったらあんたがおらん間、お母さんのこと見てあげられたのに」

中にはこう言ってくれた人もいました。

「お母さん、おかしいなとは思いよったんよ。でもあんたが何も言わんし、内緒にしとるんか思うて声が掛けられんかった。これからは気を遣わずに付き合えるけん、ホッとしたわ」

そう、近所の人たちは本当にやさしかったのです。人生１００年時代と言われ、誰が認知症になってもおかしくない今、「あそこのおばあさんはぼけた」と陰口をたたく人はいないのです。誰もが人ごとでなく自分事として認知症を捉《とら》えているから、母のことも親身になってくれる。そう実感しました。もっと早くご近所に話して、頼ればよかったな。

それからは、母が外に出ていると誰かが手を引いて連れ帰ってくれたり、父が買い物に行くとお店の人が「無理しんさんなよ」とねぎらってくれたり。うちはご近所の温かさにずいぶん救われました。

ありがたいなあ、このご恩をどうやって返そう。

思いを巡らすうち、気づきました。私もほかのお年寄りに同じことをすればいいんだと。「お互いさま」の気持ちで。

つらいときは周りの人に頼る勇気を持つ。そして自分が頼られたときには、喜んで応《こた》えてあげられるやさしさと想像力を持つ。母の認知症から、また一つ大切なことを教わった気がしました。

「別人」になっていく姿に揺れた心

「今、信友さんがやらなきゃいけないのは、お母さんを心から愛してあげることだよ」

認知症専門医の今井先生にかけられたこの言葉は、実はぐさりと胸に刺さっていました。今まではぐらかしてきた自分の気持ちに向き合う時が来た、と思ったからです。はたして私は、認知症になった母を今までのように愛せているのだろうか？

大好きだった母がどんどん別人になってゆく。おもらししても知らん顔。指摘するととぼけ、そのうち逆ギレして、

「私はおらん方がええんじゃろ！」

こんな姿を見せられて、心が揺れないはずはありません。

悲しさ。情けなさ。絶望感。認知症の肉親を介護している人なら、誰もが思い当たる葛藤ではないでしょうか。

母への率直な思いを正直に書いておこうと思います。きれいごとではなく本心を。嫌な思いをされる方もいるかもしれません。ですが、同じ境遇で途方に暮れている人に「仲間だよ」と伝えて、少しでも元気になってもらいたい。そう思って、自分の中の「どす黒い」と思う部分も全部書くことにしました。

まずはしばらく、昔の母がどんなにチャーミングだったかという話から、書かせてください。

母は人生を楽しむ達人でした。前向きで、社交的で、冗談好き。周りはいつも笑いが絶えませんでした。家庭人としても完璧《かんぺき》でした。料理上手で、きれい好き。手先が器用で何でもこなす。私の洋服は全部母の手作りでした。

「かわいいの着とってじゃねえ」

そう声がかかるたびに、幼い私はくるっと回って自慢げに答えていたそうです。

「ほうよ。お母さんが作ってくれたんじゃけん」

こうやって昔の思い出を書くと自然と笑みがこぼれてきます。そして思うのです。大好きだった母を、認知症の母に上書きされることが怖くて、あの頃の私は母と真剣に向き合うことから逃げていたんだなと。そんなに簡単に上書きされるはずなんてないのに……。

娘の「何で？　どうして？」をおもしろがってくれた母

私は小さい頃、ちょっと変わった子どもだったようです。一言で言うと、好奇心が服を着て歩いているような子。何にでも興味を示して「これは何？」「どうしてこうなるん?」と大人を質問攻めにしていたとか。

近所の人や親戚《しんせき》は、

「また直子ちゃんの『何で?何で?病』が始まったわ」

とうるさがっていたようですが、母に言わせると、

「あんたはほんまにおもしろい子じゃった」

私が大人になってからも母は言っていました。

「あんたの子育ては楽しかったわぁ。突拍子もないことを聞いてくるけんね。今日は何が飛び出すか思うたら毎日飽きんかった」

そう、母はどんな面倒くさい日常だって、おもしろがれる天才だったんです。

母が一番答えに窮した質問は、幼稚園に上がる前の私がしつこく聞いた、

「直子は何で、直子のことを直子じゃと思うん?」

だったそうです。自分の体を自分だと思う意識は一体どこから来るの? この根源的な問いを幼い子どもにわかるように説明すべく、母は哲学の本まで読んだそうです。

「子どもはそんなこと知らんでええの」——大人が口にしがちなこの言葉を、母は決して使いませんでした。小さな娘の人格を尊重し、手抜きをせず、全力で向き合ってくれたのです。

それは幼い私の安心につながりました。あの頃の、母に質問するたびに世界の仕組みがわかってワクワクする高揚感は、何十年たっても自分の中に残っています。私は母のおかげでこの世界が好きになりました。そして、世間から見ると変な子だったに違いない自分を、肯定することができました。

信友家は決して裕福な家ではなかったので、豪華な外食や家族旅行などはあまりしませんでしたが、母が何でもない日常を笑いに変えてくれました。

母らしいエピソードをもうひとつご紹介します。高校時代の朝のことです。

私は呉市から広島市の高校まで通学していたので、毎朝6時過ぎには家を出ていました。いつも支度がギリギリで「バスに間に合わん！」と走る私。母はそれに付き合って、近所のバス停まで毎朝、全力疾走していたのです。サンダルをパタパタさせて、まるでサザエさんのように。

「玄関で送ってくれるだけでええよ。なんで一緒に走ってくるん？」

そう聞くと母は、

「だって直子も、一人で走るよりお母さんと一緒に走った方がおもしろいじゃろ？」

そう、この「何事も楽しんだもの勝ち」という精神こそが母なのです。

母にかかれば普段の通学すら楽しいイベントに早変わり。実際は毎朝4時半起きでお弁当を作って大変だったはずなのに。母との毎日はやたら楽しく、私は笑ってばかりでした。

予期せぬ性教育

母にはそそっかしいところもありました。

これは今まで父にも内緒にしていた珍エピソードです。さすがにもう時効だと思うから、書いてもええよね、お母さん。

「初めて見た映画は何ですか？」

映画監督として、よく聞かれる質問です。そのたびに私は、

「チャップリンの『ライムライト』です」

と答えています。うそではないのですが、実はその時は2本立てで、もう1本は『フレンズ～ポールとミシェル』という映画でした。小学校4年生だったと思います。

写真や映画が大好きだった母。鏡を使っての自撮りは、当時としては斬新な発想だったはず

この映画は、中学生カップルが家出し、妊娠し、出産するまでをかなりリアルに描いた、おそらく今なら「R指定」モノです。私は9歳にして「赤ちゃんはどうやったらできるのか」を、生まれて初めての大スクリーンで目に焼き付けたわけです。それも母の隣で。

母は性教育のためにこの映画を選んだわけではありません。名作『禁じられた遊び』と勘違いしたのです。名作の方の主人公はポーレットとミシェル。映画館の絵看板に『禁じられた遊び』をもじったようなうたい文句が書かれていたそうで……。まったく、うっかりにも程がありますよね。

母はたぶん、隣の席で大慌《おおあわ》てだったと思います。でも私が食い入るように見ていたので帰ろうとも言えず、針のむしろに座った心地の2時間だったんじゃないでしょうか。

上映後、

「この映画のことは誰にも言いなさんな」

と口止めされました。その真剣な面持ちに「今見た男女のことは秘め事なんだな」と直感したのを覚えています。いくら「何で？何で？の直子ちゃん」でも、それ以上のことを聞くのははばかられたのです。

結果的に、ショック療法ではありましたが、いかにも芸術好きな母らしい性教育だったと今は思います。後にこうして笑い話になるのも本望でしょう。

とにもかくにも、映画や写真に造詣の深い母の影響をどっぷり受け、私はこうして映像制作に興味を持つようになったのです。

ところで、これには後日談があります。

母が勘違いで9歳の私にエッチな映画を見せた話を読んだ父の反応が、傑作だったのです。

父は、開口一番、

「ははあ、これで合点がいったわい」

そしてこんな爆弾発言を！

「あんたが小学生の頃、『○○ちゃんの家は3人子どもがおるけん、3回やっちゃったんじゃねえ』と言い出したことがあって、たまげたんよ。映画を見て知ったんじゃやの」

当時の父には衝撃的すぎた、幼い娘の発言。だからこそ50年も覚えていたのでしょう。長年の謎《なぞ》が解けてスッキリした様子の背中に、そっと声をかけました。

ずっと映画見たのを隠しとってごめんね、お父さん。

20年間、毎週届いた録音テープ

私には47年続いている習慣があります。ＮＨＫラジオ講座の英会話学習。始めたのは語学好きの父の影響ですが、ここまで続けられたのは明らかに母のおかげです。

ＮＨＫの語学講座は、今は配信でいつでも聴けるようになりましたが、昔は放送時間にラジオをつけて聴くしかありませんでした。20代、30代とテレビ番組制作の現場で殺人的な忙しさだった私。小型ラジオを持ち歩いていましたが、仕事で聴けない日が続き、挫折《ざせつ》しかけていました。

母に相談すると、

「わかった。じゃあ、お母さんがテープに録《と》って送ってあげるわ。それなら空いた時間に聴けるじゃろ」

それから、番組を録音したカセットテープが毎週、送られてくるようになったのです。

母の協力は20年近く続きました。毎日の番組ですから、かなりの労力だったと思います。

母は決して過保護なタイプではありません。特に私が大学進学で上京してからは自由放任の姿勢でした。でも娘が困っていれば手を差し伸べてくれる。毎週届くテープで母からのエールをもらったからこそ、頑張らなくちゃと思って英会話学習は続いたのです。

今、海外に行っても会話に困らないのは本当に母のおかげ。心から感謝しています。

心残りは「一緒の旅行」が叶《かな》わなかったこと

母は、愛情たっぷりに育ててはくれましたが、生来さっぱりとした気性。子離れできないタイプではありませんでした。

私が上京してしまうと、「これからは自分の人生」とばかりに、趣味の書道や水彩画に没頭し始めました。私への電話は週に1回ほど。ほとんど放任です。おかげで好奇心のままに、憧《あこが》れの東京生活を楽しめました。

しかし不思議なもので、自由にさせてもらうと逆に悪いことはできません。ここまで無邪気に信用されたら、そりゃ裏切れんよね。そう思って自然に、自制心や責任感が持てたのです。これも母の作戦だったのかな？

父が定年になってからは、夫婦でよく旅行もしていました。

「本ばっかり読みよったら足が弱るよ」

インドア派の父に、母はこうけしかけたそうです。実家には旅先での二人の写真がいっぱい。

「おっ母《かあ》について行きゃあ、どこでも楽しかったわい」

父は今も、旅の思い出話をする時が一番楽しそうです。

母のお気に入りは沖縄の離島。特に竹富島《たけとみじま》が好きで、何度も通ううち、現地に友人もできていました。私も母からしつこく誘われました。

「あんたも、たまにはお母さんらと沖縄に行こうや。人生一度きりよ。楽しまんと損じゃろ」

これはもうおなじみの母の口癖です。

「私らが広島から、あんたが東京から来て、現地で合流しようや。お母さんが島のえぇところを案内してあげるけん」

何十回誘われたでしょうか。なのに私はいつも生返事で、仕事を優先してばかりでした。

「旅行やなんか、いつでも行けるじゃろ。今忙しいんじゃ」

そのうち母は認知症になり、旅行に行くどころではなくなりました。

なぜ行かなかったんだろう。母はあんなに自分の好きな場所を見せたがっていたのに。今も一番の心残りです。皆さんにはぜひお勧めします。親御さんが元気なうちに、一緒に旅をしてくださいね。私のように後悔を残さないためにも。

何度も窮地を救ってくれた母の愛

いつも私を自由にさせてくれて、遠くから見守っている母でしたが、いざ私がピンチに陥ると、一も二もなく駆けつけてくれました。45歳で乳がんになった時、呉から上京して看病してくれたことは映画でも紹介しています。しかし実は、母に一番感謝しているのは、その1年前の出来事なのです。

2006年秋、休暇を取ってインドで一人旅をしていた時のことでした。不注意から線路に落ちて列車に接触。骨盤骨折で全治6か月の重傷を負ったのです。その顚末《てんまつ》だけで本が1冊書けるくらいの大騒動だったのですが、それはまたの機会にするとして……。

ニューデリーで緊急手術を受け、寝たきりのまま日本に搬送。東京の病院に3か月入院する羽目になりました。この時はさすがに、東京で待ち構えていた母に、会うなり「バカ!」と叱責《しっせき》されました。生きていたのが不思議なくらいの事故でしたから、無理もありません。

母がすごかったのは、3か月の入院中ずっと東京の私の家に滞在して、一日も欠かさず面会に来てくれたことでした。汚れ物を持ち帰っては洗濯し、混んだ電車に揺られ、往復2時間かけて毎日来てくれたのです。寝たきりの私の体を拭《ふ》き、車いすに座れるようになると押してくれ……。その間、呉で一人、留守番をしていた父も大変だったと思います。

3か月も入院していたので、お見舞いに来てくれた友人や仕事仲間も50人以上に上ります。冗談好きな母は、誰とでもすぐに意気投合していました。いまだに「楽しいお母さんだったよね」と懐《なつ》かしがってくれる友人も多いです。

退院してからも、杖《つえ》なしで歩けるようになるには、もう3か月かかりました。実家での歩行訓練をサポートしてくれたのも母でした。

結局、半年もの間、面倒をみてくれた母。母が認知症になった時、「お母さんからの恩を私が返す番」と映画の中で私が言ったのには、こういう経緯があったのです。

何でも笑いに変える自虐《じぎゃく》ネタが闘病の支え

もちろん、45歳の時の乳がん闘病も、母がいなかったらとても乗り切れなかったと思います。全治6か月の骨盤骨折からやっと回復したのに、今度はがん宣告！　なぜ私ばかりこんな目に……さすがに絶望し、運命を呪《のろ》いました。

ステージ1ではありましたが、やはり、がんというだけで「死ぬのでは」と思ってしまいます。女性のシンボルであるおっぱいにメスを入れることも受け止めきれず、泣いてばかりでした。

そんな私のもとへ、母は再び駆けつけてくれました。親として自分もショックだったに違いないのに、そんな様子はおくびにも出しません。ちょっと不謹慎なくらい明るくふるまっていました。精いっぱいの思いやりを込めて。

私が乳房切除を前にめそめそしていると、

「お母さんの垂れたボインでよかったら、いつでもあげるけどねえ。あんた、こんなもんいらんじゃろ？」

胸をチラ見せしつつ得意の自虐ネタ。そんなことされたら笑わずにはいられません。

抗がん剤の副作用で髪が抜けた時には、

「全員集合のカトちゃんのはげヅラみたいな頭になっとるよ」

と、昔のテレビ番組を引き合いに出していじってきたり。

「お母さんが泣いてあんたのがんが治るんならいくらでも泣くけど、そうじゃないなら笑わんと損よ。笑うたら免疫も上がるんじゃけん。こんな時こそ前向き、前向き」

不幸の連鎖に打ちひしがれていた私も、母の少々乱暴な励ましで笑顔になり、いつの間にか前を向けるようになっていったのです。

でもお母さん、私知っとるよ。陰では友人に「毎日、神社で手を合わせてから病院に来よるんよ」と打ち明けていたこと。手術が成功したと主治医から聞いた時には、涙ながらに何度も頭を下げてくれたこと。

退院した日、「ちょっと横になろうかね」と言って、そのまま5時間も昼寝をした母。やっぱり疲れとったんじゃね。くうくう眠る顔を見ながら、あらためて母へのいとおしさが込み上げてきたのを、昨日のことのように覚えています。

そしてその5年後。今度は母が認知症に。

最初は受け止めきれず泣いていた私ですが、次第に「母ならこう言うかな」と想像するようになりました。それは……。

「あんたが泣いてもお母さんの認知症が治るわけじゃないんよ。それなら前向きに受け止めて、人生楽しまんと損じゃろ?」

はいお母さん、その通りです!

抗がん剤の副作用で髪が抜けてきた私。
母に「かわいい」と言ってもらって笑顔に

「今思えば」の話

乳がんを発症するまで、私は寝食を忘れて番組制作の仕事に没頭していました。しかし病を得て、考えを改めました。一番怖いのはがんの再発や転移。もう無理をせず、自分のペースでのんびり働こうと決めたのです。そして所属していた制作会社をやめ、フリーになりました。発症3年後の2010年のことです。

母の脳内に異変が起き始めたのも、おそらくこの頃でした。本人がひた隠しにしていたので、父も私も気づけませんでしたが。

この年に、母が大好きな書道を突然やめたことは前に書きました。しかし、同時期に母がやめたことはほかにもあったのです。

内職で手伝っていた、友人の会社の経理。結婚前、会計事務所に勤めていた母にはお手のも

のでした。正確で美しい帳簿は芸術品のようだったのを覚えています。それがある日、

「給料が遅配じゃけん、ばからしいわ。もうやめる」

と言い出して、突然やめてしまったのです。

その後しばらくして友人は会社をたたんだので、本当に遅配が理由だったのかもしれません。でも今、父に聞くと、

「あの頃のおっ母は、いつも難しい顔で帳簿とにらめっこしよった。何べんやり直しても終わらんのよ。昔なら3日で終わらした仕事じゃに。今思うたら、あの頃からおかしかったんじゃのう」

そう言えば……私も思い出しました。フリーになって初めての確定申告。

「お母さん、簿記のプロなんじゃけん代わりにやってや」

当然引き受けてくれるだろうと思ったのに、あっさり断られてしまったのです。

「最近はやり方が違うけん、お母さんようわからんわ。ほかの人に頼みんちゃい」

「えー何で?」

あの時も不思議に思ったんだった。

どれもこれも「今思えば」の話です。その時には認知症の前兆だなんて思いもしませんでした。私にもっと想像力があったら、母の悩みに寄り添ってあげられたのかも。

そう思うと切なくなります。

「誰に助けてほしいん？　お父さんや直子じゃダメなん？」

ここまで、母がいかに愛情深く素敵な人だったかを書いてきました。でもそろそろ、その続きを書かなければなりません。そう、変わっていった母を私がどう受け止めたかという話。私の痛みの部分です。

母が認知症になって一番キツかったのは、「人生楽しまんと損よ」がモットーだった母が、その真逆の言動をするようになったことでした。

物忘れは仕方ないんです。できないことが増えるのも仕方ないんです。でも、だからと言って、やる気や自信までもなくさないでほしい。ましてや自暴自棄になんてならないでほしい。父と私がいくらでも支えるのに。

気力をなくして横になってばかりの母を見るのがつらくて、あえて明るく声を掛けたこともありました。

「お母さん、そうに寝てばっかりおったら牛になるよ～」

元気な頃の母だったら、牛の鳴きまねの一つも返していたところでしょう。でも、もう軽い冗談も通じないんです。あんなに冗談好きな人だったのに。

「私のことは放っとって。どうせ役に立たんのじゃけん」

そんな言葉が返ってきます。母に自己否定は最も似合わないのに。

そして「死にたい」が始まります。

「あんたらに迷惑かけるけん、私はもうおらん方がええんじゃ。死にたい。死なして！」

これが疲れるまで続くのです。

夜中に突然、

「誰か助けてください！」

と大声で叫ばれた時には参りました。これじゃあ虐待かと思われて通報されてしまう。とにかく落ち着かせようと必死で抱きしめても、ものすごい力で拒絶されます。

「お母さん、誰に助けてほしいん？　お父さんや直子じゃダメなん？」

私も涙がこらえられなくなります。

母はこんな思いまでして生きていたくないんじゃないだろうか。いっそ死んだ方が楽なんじゃないだろうか。そんな思いが頭をよぎったことも一度や二度ではありませんでした。

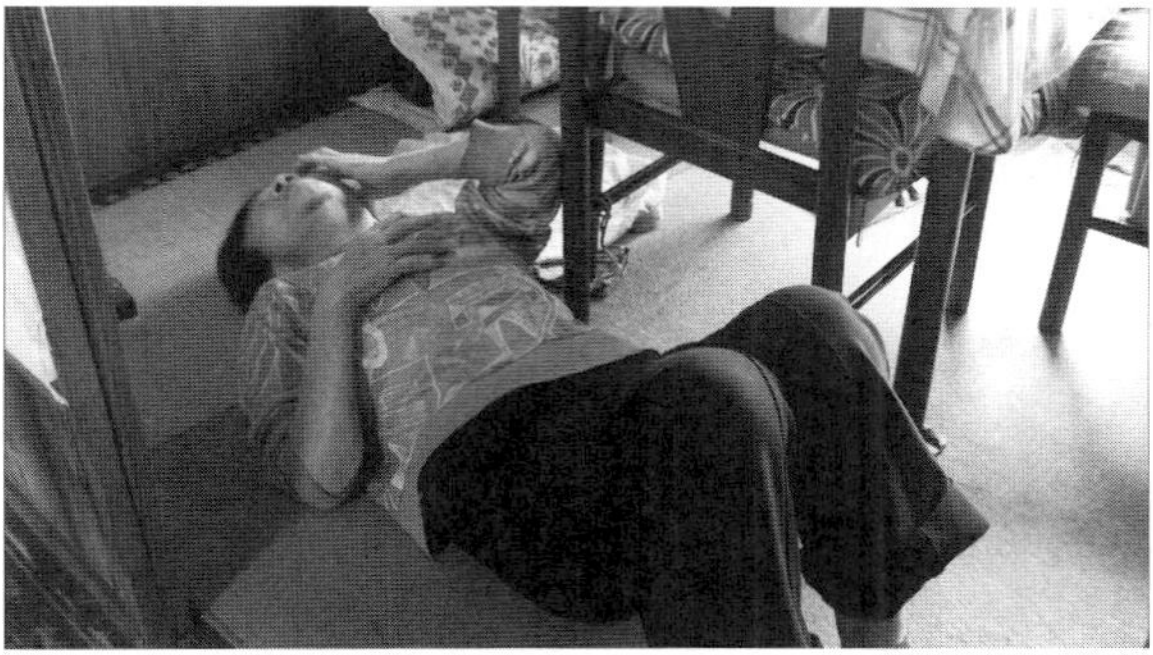

気力をなくし横になってばかりの母。心配して声を掛けても拒絶された
©2018「ぼけますから、よろしくお願いします。」製作・配給委員会

頼りにしてきた親の幼児化という恐怖

認知症になって、母の言動はどんどん子どもじみていきました。気に入らないことがあるとすぐにかんしゃくを起こす。父と私の会話についてこられないと、

「私だけのけ者にするんね！」

とすねて、たたいてくる。暴れたあげくに、大切にしていた家具まで平気で壊す。

だけどおいしい物を目にするとコロッと機嫌が直るのだから、そこも子どもなんです。

昔の母は、家族が食べる姿をニコニコと見守り、自分は残りを食べる人でした。それが認知症になってからは、おいしいと思ったら家族なんて無視。一人でガツガツ平らげてしまいます。

そして「おいしかったぁ」と満面の笑み。

そんな笑顔を見ると、しょうがないなあと思

いつつもつられて笑ってしまいます。でもやはり、ずっと頼りにしてきた親の幼児化は、足元が崩れ落ちるような恐怖であることに変わりはありません。

父にまとわりついてスキンシップをせがむようにもなりました。もともと父のことが大好きだった母ですが、以前なら考えられなかった大胆な甘え方をするのです。父も「何するんな」と思わず引いてしまうほどの。

母の女の部分なんて、できれば見たくありません。

これが本来の姿なのか。じゃあ今までの母は何だったの？　自制した上で成り立っていた虚像だったの？

「私はあんたらのために長いこと我慢してきたんじゃ。これからは好きにさせてもらうよ」——そう宣言されたようにも思えて悲しくなります。

母という役割を脱ぎ捨てた生々しい生き物。こんなに変わってしまった母を、私は変わらず愛せるのか？

母が「おらん方がええんじゃろ！」と叫ぶのは、

「こうなお母さんは嫌いじゃろ？　あんたがいくら猫なで声でやさしゅうしてきても、お母さんにはわかっとるんよ」

そういう挑発なんじゃないか？

自分でさえ認めたくない本心を、母には見透かされているのかも……。そう思うと余計に胸が締めつけられるのです。

愛せなくなることの意味

もはや認めざるを得ません。母が認知症になってから、私は努力しないと母を愛せなくなりました。取り乱し泣き叫ぶ姿を見ていると、大好きだったあの母と同じ人だとは、どうしても思えないからです。

でもこれは、やがて訪れる母との別れを考えると、皮肉なことですが一種の「救い」にもなりました。

子どもの頃、母が短い入院をした時に、「お母さんが死んだら直子も死ぬ！」と大泣きしたのを覚えています。大人になってからも、もし母が死んだら……と想像しただけで絶望的になるくらい、母が大好きでした。

だから思うのです。もし母が認知症にならないまま亡《な》くなっていたら、いい思い出ばかりが残りすぎて、悲しみと喪失感で耐えられなかっただろうと。乱暴な言い方ですが、認知症になったことで大好きな母は、私の中で少しずつ死んでいったように感じるのです。

これはもしかしたら「神様の親切」なんじゃないか？　神様は母の姿を徐々に変えていくことで、少しずつお別れさせてくれているんじゃないか？

母がこの世からいなくなってもそれほど悲しまなくて済むように、「緩やかで諦《あきら》めのつく死」を用意してくれているんじゃないか？

こんな考え方は親不孝かもしれません。でも、親の醜態を目の前にして心の平穏を保つには、こんな風にとらえるしかなかったのです。正直、藁《わら》にもすがる思いでした。

そして実際、母が亡くなった時（母は2020年6月14日に死去）、自分の予感は正しかったと知りました。私の心を占めたのは、悲しみよりも安堵《あんど》だったのです。

「お母さん、苦しみから解放されてよかったね」という……。

この文章に嫌な思いをされたらごめんなさい。でも、認知症の家族を抱えて悩んでいる方が、こんな考え方もあるのかと少し元気になってくだされば、と思い、あえて自分の中のどす黒い部分を正直に書きました。

そして、私と同じように感じ、そんな自分を許せず自己嫌悪《けんお》で苦しんでいる方には、「あなただけじゃないですよ」と伝えたい。心からそう思います。

第五章　介護は、親が命懸けでしてくれる最後の子育て

「お母さん好き」を言葉にして自分にも言い聞かす

認知症になった母を「努力しなければ愛せなくなった」と感じた私。でも同時に思ったのです。ならば努力をすればいい。形からでもいいから、ありのままの母を愛することを始めよう。それが、今までさんざん愛情を注いでくれた母への恩返しなんだと。

映画を見た方から、

「お母さんにやさしく接しとられますねえ」

と褒めていただくことがあります。そう言われると「努力が報われたんだなあ」と思えてうれしくなります。

ホンネを言えば私だって、母に暴言を吐かれるとイラッとします。そこをグッとこらえて深呼吸、平常心に戻るのを待つ。母と同じ土俵に上がって言い返そうものなら、事態はよけい悪くなるに決まっているからです。

　実は私には得意技があります。

「直子がお母さんを好きなの知っとるじゃろ～」

　そう言いながらふざけてぎゅーっと抱き締めるのです。これは幼い頃、母がやってくれたこと。母の胸で安心感と多幸感に包まれた昔を思い出し、今度は私がやってみようと思いつきました。最初は「やめて」と体をこわばらせていた母も、しだいに落ち着いて笑顔を見せてくれるようになります。

　ふて寝をしている時は、一緒に寝転がって目を合わせて話しかけるのも効果的です。

「お母さんは昔みたいに頭が働かんけん、不安なんよね。でもこれは病気じゃけん、しょうがないんよ。心配せんでも、お母さんはお母さんのままじゃし、直子がお母さんを好きな気持ちは変わらんよ」

　そう、母を好きな気持ちは変わらない。言葉にすることで私も自分に言い聞かせます。一種の自己暗示です。目を見て心を込めて話すと、うつろだった母の目に光が宿るのがわかります。「本来の母が戻ってきた！」。それは感動的な体験で、今度こそ心から母をいとおしく思うのです。

　こんなふうに葛藤《かっとう》しつつ母の変化をなんとか受け入れた私。しかし父の対応は、そんな理屈を超えた驚くべきものでした。

父の爆発の裏にあった母への思い

映画『ぼけますから、よろしくお願いします。』を見てくださった方は、父が母に声を荒らげた場面に驚かれたと思います。日頃の穏やかな父からは想像もつかない、突然の爆発でしたから。

それはいつものように、母が朝起きられないことから始まりました。

父も私も家事を始めています。自分だけが何もできていない。当てにされてもいない。無力感や焦《あせ》りが母を追い詰めたのでしょう。布団《ふとん》の中でうめいていたと思ったら、激しい口調でわめき出しました。

「私はもう死にたい！　包丁持ってきてくれ！　そがいに邪魔になるんなら死んじゃる！」

しばらくは穏やかに諭していた父。それでも「死んじゃる」を連呼する母。すると……。

「ばかたれ！　何をぬかすんな！　死ね！　そがいに死にたいなら死ね！」

生まれて初めて聞く父の罵声《ばせい》でした。父がキレた！『仁義なき戦い』かと思うようなドスの利《き》いた物言いをしよる！　それは娘にはかなりの衝撃で、初めて父を「怖い」とさえ感じました。同時に、全くひるまず応戦する母の〝姐《あね》さん〟ぶりにもビビったのですが。

父の対応は、認知症の本では「絶対にやってはいけないこと」とされています。

「認知症の人が何を言っても、決して否定せず傾聴しましょう。相手の暴言に挑発されて言い返すなんてもってのほかです」

ほとんどの本にはそう書いてあるはずですから。

しかし、この争いの動画を見返すうち、私はあることに気づきました。父は感情的になったわけではなく、母を思って叱《しか》っていたのだ、と。父は一貫してこう言っていたのです。

「ちいたあ感謝して暮らせ。みんな良うしてくれよるじゃないか。おまえはありがとうの心が持たれんようになったんか」

そう、元気な頃の母は、二言目には感謝を口にする人でした。「そこがおまえのええところじゃったろう。絶対なくしたらいけん」、父は必死にそう訴えていたのです。

母と父、揺るぎないバディ

突然すごい剣幕で怒鳴った父。そこには母への深い思いがあった
©2018「ぼけますから、よろしくお願いします。」製作・配給委員会

「そがいに死にたいなら死ね！」――父が母に声を荒らげた場面を思い返すたび、粛然とした思いになります。はたして私は認知症の母と、これほどガチで向き合ったことがあるだろうか……。

母がいくら暴言を吐いても、私は父みたいに叱れません。「どうせ認知症なんだから、ムキになって道理を説いてもこっちが疲れるだけ」。そう諦《あきら》めて、つい省エネを考えてしまうのです。認知症の人への「対応マニュアル」通りにやさしい娘を演じておけばいいや、と。それは母のために見えて、実は私自身が傷つきたくないから思考停止しているだけなんです。

でも、父はマニュアルなんて一切関係ありません。母を本気で思っているから、悪いことは悪いとちゃんと叱ってやる。父は母を見放していない。認知症になったからといって、母という人を諦めていないのです。

私は自分のズルさを突きつけられたようで恥ずかしく、敗北感すら覚えました。これは母と向き合う覚悟の違いなのか。人間の度量の大きさの違いなのか。あらためて父を人として尊敬しました。

父のマニュアルを超えた愛は、母にしっかり伝わったようです。「死ね」なんてひどい言葉をぶつけられたのに「じゃあ死んでやるわ」とはならず、

「怒らんでもええじゃないの……」

親に雷を落とされたいたずらっ子みたいに、しゅんとしちゃいました。

その後、父に隠れてこっそり反省の涙を流していた母。でもしばらく泣いたらケロッとして、いつの間にかまた「お父さーん」と甘え声。忘れられるのが認知症のいいところです。

父は父で、

「おっ母《かあ》は勇ましゅう向かってきたのう。ありゃ、わしがなんぼ怒っても手を上げんのがわかっとるけんよ」

とニヤリ。

何でしょう、この揺るぎないバディ感。人生を60年ともに歩むというのは、こうい

2018年夏、東京に帰る私を玄関で見送ってくれた両親。
母の元気な姿はこれが最後となった

うことなのか。娘は年老いた両親に教わってばかりです。

父と「自宅で暮らし続けたい」が望みだった

認知症の家族を持つ方からよくいただく質問に、こういうのがあります。

「お母さんを施設に預けることは考えなかったのですか？」

うちは考えていませんでした。母は家がとても好きな人だったからです。正確に言えば、父と一緒に自宅で暮らし続けたいという願望がとても強かったのです。

もし母にいわゆる徘徊《はいかい》の恐れがあったなら、施設にお願いすることも考えたでしょう。耳の遠い父が気づかないうちに母が失踪《しっそう》、なんて事態は絶対に避けたいので。でもありがたいことに、母には徘徊の兆候は全くありませんでした。

徘徊する人の多くは「家に帰ろう」と思って出かけてしまうのだと聞きます。自分が子どもの頃に住んでいた家を目指す人が多いのだとか。でも母にとっての「家」は、60年前に嫁いで以来、父と幾星霜《いくせいそう》を共にしてきたこの家なのです。認知症になってからは、外を怖がってなかなか外出したがらなくなったほどでした。

ならば、母にとって一番安心できるわが家にずっと居させてあげたい。

そのために、父やケアマネジャーさんと相談して、家の中の様子をできるだけ変えないようにしました。変えたのは火の危険のあるものだけです。ガスストーブをファンヒーターに、ガスレンジを自動消火装置付きのものに。

うちは昔ながらの段差の多い家ですから、年寄りの体の負担を考えればバリアフリー工事をした方がいいのかもしれません。でも、段差はなくしませんでした。内装が変わって、母が「ここはうちじゃない」と混乱するのを避けたかったのです。

これには思わぬ効用もありました。父の足腰が100歳を過ぎても丈夫なのは、段差のある家で、知らず知らず足を上げて全身運動をしているたまものだと思います。

私は母が自宅でずっと暮らせるように、認知症の進行ばかりを気にしていました。

しかし2018年秋、思いがけない理由で突然、穏やかな暮らしは絶たれることとなったのです。

防げたかもしれない脳梗塞《のうこうそく》

２０１８年9月30日、夜10時——。東京の私の元に、父から電話がかかってきました。

「おっ母の様子がおかしいんじゃ」

夕飯を食べていたら突然、体が左に傾いて倒れ込んだというのです。

脳梗塞でした。すぐに救急車を呼び、夜中で申し訳ないと思いつつ、ケアマネジャーの小山さんに連絡。小山さんは病院に駆けつけて、母の容体が落ち着くまで付き添ってくださいました。父は相当心強かったと思います。

私も、翌朝まで呉への移動手段がなく気持ちばかり焦る状況でしたから、小山さんから逐一、母の容体を聞けて本当に救われました。母は命に別状はありませんでしたが、左半身が完全にまひ。入院を余儀なくされることとなったのです。

脳梗塞なんて全くの想定外でした。

血圧が高かったわけでもないのに、なぜ？　しかし原因を探るうち、これは防げたことだったのかも、と自責の念にさいなまれるようになります。

18年の夏は猛暑でした。母の脳梗塞は、夏の間に水分補給を怠ったことによる脱水で引き起こされたのではないかと思うのです。

介護サービスのない日の母は、父の声掛けもむなしく夕方まで寝ていたそうです。ずっと水もお茶も飲まずに。それに、父が冷房をつけるたび、

「冷房は嫌いじゃ」

と消させていたとか。きっと汗をたくさんかいたでしょう。これでは明らかに水分不足です。夏の終わりには、血液がドロドロの状態になっていたのではないでしょうか。

デイサービスに行ったり、ヘルパーさんが来たりすれば、必然的に水を飲ませてくださいます。うちは週1回ずつお願いしていたのですが、もっと回数を増やせばよかった。もっと頻繁に介護のプロに様子を見てもらい、水分補給ができていれば……。後悔してもしきれない思いです。

お年寄りは喉《のど》の渇きに自分で気づかない人も多いそうです。わが家の過《あやま》ちを繰り返さないように、ぜひ夏は水分補給をこまめに行ってください。ご自分でも、そして大切なご家族にも。

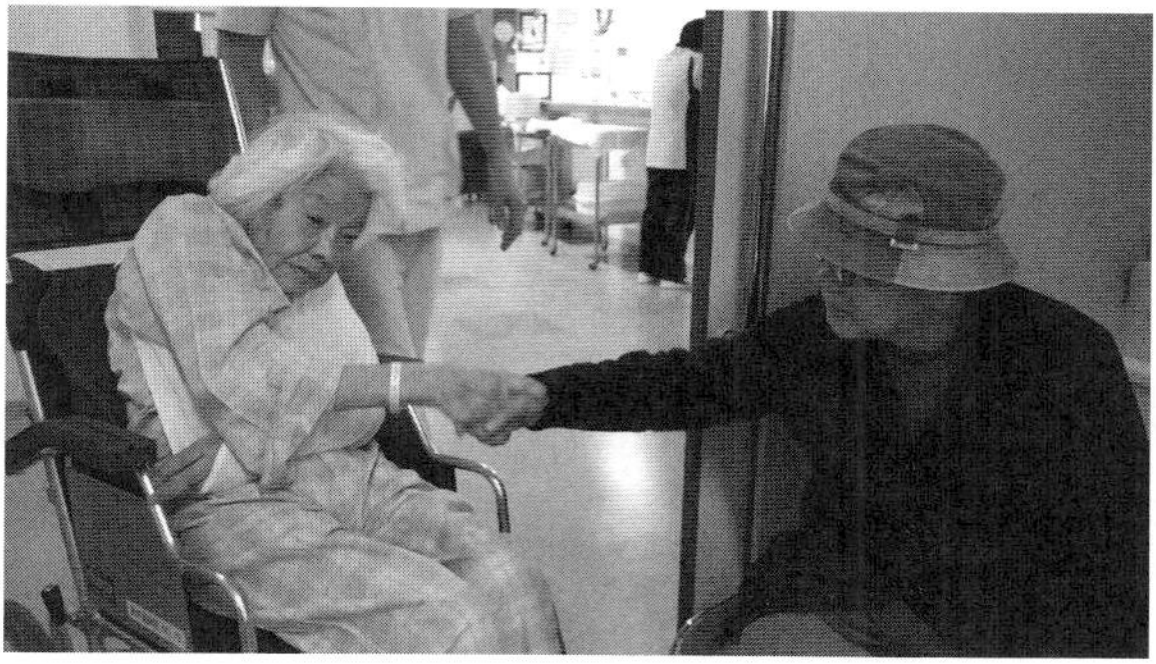

脳梗塞のリハビリを頑張る母。父は毎日面会して励ました

私の好きなお母さんが戻ってきた

脳梗塞で入院した母は、家に帰りたい一心で、懸命にリハビリを始めました。まひした左半身を使わずに動く訓練です。幸い言語中枢《ちゅうすう》はダメージを受けておらず、普通に会話できることが家族には喜びでした。

それ以上にホッとしたのが、あれほど毎日言っていた、

「私はおかしゅうなった。どうしたんかね」

を一切言わなくなったことです。脳内に何らかの変化が起きて、認知症の自覚がなくなったようなのです。

「おっ母は『ばかになった』と思わんようになって救われたかもしれんの」

父も感慨深そうでした。

代わりに、人への気遣いの言葉が増えてきまし

た。看護師さんには何かしてもらうたびにお礼を言っていましたし、私にも、

「あんたがせっかく帰ってきとるのに、何もしてあげられんでごめんね」

と母の顔を見せるのです。

映画公開の時期と重なって、呉と東京の往復を繰り返していた私。おそらく疲れが顔に出ていたのでしょう。

「あんたが倒れんように気をつけなさいよ」

倒れて入院している人からこんなふうに言われるとは……！　そう、この自虐《じぎゃく》的なユーモアこそが、母の持ち味なんです。

ああ、私の好きなお母さんが戻ってきた……。この頃の不思議なほど穏やかな時間は、今思い返しても「神様からの贈り物」だったような気がします。

そんな母を、父は献身的に看病しました。毎日病院まで1時間かけて面会に行き、

「おっ母、早う帰ってこいよ。わしがおいしいコーヒーを淹《い》れちゃるけん」

と、手を握って励まします。

これまで認知症の母を支え続けてきた父。母が入院してガックリくるのではと心配でしたが、母の元に通うことが新しい生きがいとなり、二人の絆《きずな》はさらに深まったのでした。

母と過ごした最期《さいご》の時

母の具合が一気に悪くなったのは2020年の4月。新型コロナウイルスで仕事がキャンセルになった私が、呉に戻ってしばらくしてからでした。

「直子はこの先も呉におりそうなね。今なら仕事に迷惑がかからずに済むかもしれん。直子がおるなら、お父さんも寂しゅうないじゃろうし」――いろいろと考えた結果、母はこのタイミングでのお別れを決めたのではないでしょうか。あの母ならやりかねないなあと思うと、涙が出ます。

しかも、病院が面会禁止だった5月いっぱいは持ちこたえ、6月の面会再開を待っていたかのように危篤《きとく》状態に。そしてそこから2週間も頑張ったのです。おかげで父と私は、母の枕元《まくらもと》でたくさん話をすることができました。

父は最初こそ「わしゃ別れのあいさつなんかせんぞ」と言い張り、いつものように、

「おっ母、早う帰ってこいよ。またコーヒー淹れちゃるけん」

と励ましていました。

でも、いよいよ最期の夜――。父は母の手をぎゅっと握って、

「あんたが女房でよかった。ありがとうね」

と絞り出すように言ったのです。その父の言葉を聞きながら母は旅立っていきまし

た。

なんて幸せな人生でしょう。憧《あこが》れの人だった父と結ばれ、自分が認知症になったらやさしく面倒をみてもらい、脳梗塞で入院したら毎日面会に来てもらって。そして、いまわの際《きわ》には手を取って、こんな素敵な言葉をかけてもらえるなんて。

認知症や寝たきりで苦しんだことを思えば、かわいそうだったのかもしれません。でも、同じ人生でも捉《とら》え方によっていくらでも幸せだと感じられる。母との最期の時間は、私にそう気づかせてくれました。

「介護は、親が命懸けでしてくれる最後の子育て」——ある方からいただいた言葉です。老い衰え亡《な》くなってゆくさまを、母はすべて見せてくれました。人生を生き切ることは大変だけれど、それでも人生は素晴らしい。全身全霊で教えてくれた母には、感謝の気持ちでいっぱいです。

「社会参加」は社会に甘えること

２０２１年８月——。母が旅立って１年２か月がたちました。

父が「わしは死ぬまでおっ母と一緒におりたい」と言うので、まだ納骨はしていません。仏壇から父のことを見守ってもらっています。父はお骨のあるふすまを開け放ち、母に何かしら毎日語りかけながら暮らしています。

父は元気とはいえ、もう１００歳を超えました。心配なので私も、今は呉の実家にいる日の方が多いです。でも仕事で東京に出ると、父は一人。ご近所の方たちに本当にお世話になっています。先日、大雨が続いた時は、民生委員さんが何度も様子を見に来てくださいました。

「買い物に出られんじゃろう」

と食べ物を差し入れてくれた友人もいました。

映画でちょっとした有名人になった父。ひょこひょこ歩いていると、

「お父さん元気？」

とあちこちから声がかかります。私のＳＮＳにも父の写真が届いたりします。「さっき見かけました。お元気そうでしたよ」と。カメラ目線でピースしているので、きっとその方と楽しく会話したのでしょう。

買い物に行った商店街では、

「昨日刺し身を食べたんなら、今日はこれにしんさいや」

とお店の人が献立を考えてくれている様子。呉の町全体に見守ってもらっているみたいで、東京にいても本当に安心です。父を残して先に逝《い》った母もきっと「お父さん、

みんなにようしてもろうて、えかったねえ」とニコニコしていることでしょう。

父が突然言い出して、驚いたこの言葉――「年寄りにとって『社会参加』いうのは社会に甘えることなんじゃのう。わしは気がついたわ。かわいい年寄りになって、何かしてもろうたら『ありがとう』言うんが、わしらの社会参加じゃわい」。

本当に、なんて名言！　つい数年前まで「わしがおっ母の面倒をみる。人の世話にはならん」と頑固だった人が、ここまで進化するとは……。そしてその発見をすぐさま実践できる父は、やはり恐るべき101歳です。

私も周りのご厚意に「どうやって恩返ししよう」と恐縮することもありますが、助けが必要な誰かに「恩送り」をすればいいんだな、と思うようになりました。そんな「おたがいさま」の社会に生きていることを、とても幸せに感じる毎日です。


【訃報寄稿】母・文子の死去に寄せて（2020年6月18日執筆）

母、信友文子が2020年6月14日、永眠しました。91歳でした。映画『ぼけますから、よろしくお願いします。』のお茶目で家族思いの「お母さん」として、多くの方々に愛していただきました。心より感謝申し上げます。

映画の中では、認知症ながら自宅で父と仲良く暮らしていた母。ですが映画を公開する直前の2018年9月末、脳梗塞を発症し、そこから長きにわたる入院生活でした。「うちへ帰ってお父さんとまた暮らしたい」。その一念で闘病を続けてきたのですが、ついに叶《かな》わぬ願いとなりました。

母は病床でもずっと母でした。まだ話ができる頃には、私が面会に行くと、

「せっかくあんたが帰って来とるのに、お母さん寝とるばっかりで何もしてあげられんね。ごめんね」

と申し訳ながるのです。呂律が回らなくなってからも、「だぁれだ？」と冗談ぽく声をかけると、

「な・お・こ！」

一生懸命に口を動かして私の名前を呼んでくれました。

亡くなったタイミングにも母の愛を感じます。新型コロナウイルスの影響で仕事がなくなり、初めてゆっくり呉にいられる時期でした。5月中は病院も面会禁止でしたが、6月の面会再開を待っていたかのように危篤状態に。そしてなんと、そこから2週間も頑張ったのです。

おかげで父と私は、母の枕元で今までの感謝を伝え、笑える思い出話をたくさんしてあげることができました。母はユーモア精神にあふれた人で、ささいなことにも笑

い の種を見つける名人だったので……。

もう反応はありませんでした。しかし、聴力は最後まで残ると言います。心の中では「そうなこともあったねえ。懐《なつ》かしいねえ」と、笑いながら楽しい気持ちで旅立てたのではないでしょうか。

晩年の母には、大切なことを教えてもらいました。

人が老いて死ぬのが、いかに困難なことであるか。母の老いは決してきれいごとではありませんでした。自分が自分でなくなる恐怖。たびたび襲う混乱。それが家族への暴言や暴力になった時は、目をそむけたくなる思いもしました。でも最後、何もかも受容した境地で母は逝ったと思います。そのすべてを私はしっかり目に焼きつけました。そして母の生きざまを尊いと思ったのです。本当に母は、自分の全存在をかけて、生きるとは、老いるとは、死にゆくとは――を私に教えきってくれました。

白い壺《つぼ》に入って、母はやっと夢見ていたわが家に帰ってきました。よほどうれしいのか、遺影の母は満面の笑みです。私も仏壇の前に座ると涙よりも「おかえりお母さん。良かったねぇ。またお父さんと暮らせて」と思わず顔がほころんできます。

うちの庭は今、母が丹精込めて育てた紫陽花《あじさい》の花が満開です。母の気配をより近く、濃く感じる6月です。

葬儀の日、母の棺に父と娘でそれぞれメッセージを入れた

終章　父といつまでも

101歳の誕生日祝いは母とのデートスポットで

2021年11月1日。父はめでたく101歳の誕生日を迎えました。

「誕生日に何が食べたい？」

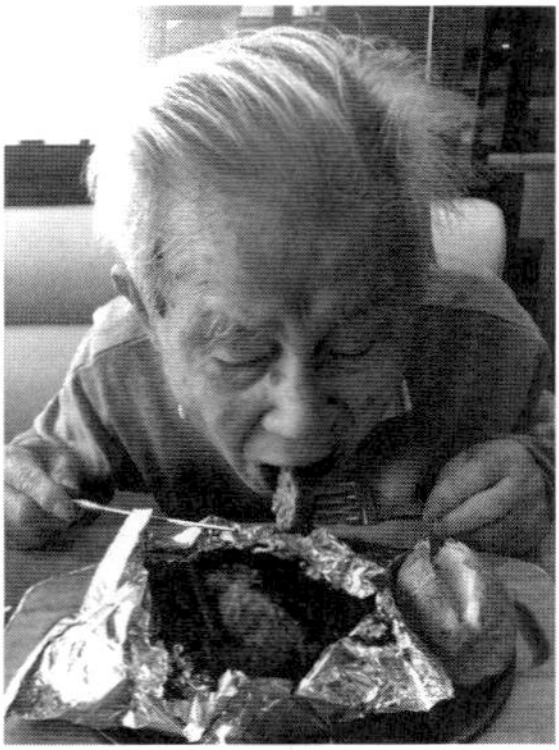
こってりしたハンバーグにかぶりつく父。店員さんもビックリです

娘としては、父の好きな料理を何でも作ってあげよう、と張り切っていたのですが……。

「わしゃ、あつあつハンバーグが食いたいわ」

父のリクエストはなんと、ファミリーレストラン「ココス」の包み焼きハンバーグでした。ハンバーグの上からビーフシチューがかかった、かなりこってりした料理です。つけ合わせには、ガーリックバターのかかったジャガイモがまるごと1個。これが100歳を超えた年寄りの好物だなんて！

もっと驚いたのは、父が「おっ母《かあ》とよう食べに行きよったんじゃ」と言ったこと。てっきり老夫婦二人の食卓には、魚や野菜、豆腐なんかが並んでいたのだろうと思い込んでいたのですが、どうやら時には二人してファミレスに出かけ、こってりしたハンバーグを注文し、ドリンクバーでいろいろなジュースを試し飲みしていたらしいのです。20代カップルか！

白髪の爺《じい》さん婆《ばあ》さんが、ファミレス店内で熱いハンバーグをハフハフほおばる姿。想像すると笑えてくると同時に、なんだか切なくなります。

きっと、私が上京してからの父と母の暮らしには、こんなふうに娘の知らない、驚くような一面がたくさんあったのでしょう。知らずに終わったことも多かったと思うと、悔いが残ります。若い頃には両親のことなんて気にもせずに過ごしていたもんなあ……。ああ、時を戻せたら、あの頃の父と母ともっと一緒にいたのに。

同時に、思いました。もしかしたら父は誕生日の記念に、母とのデートスポットに行って、思い出深いメニューを頼みたいのかもしれないな。それなら母の代わりに、喜んで私がお供しましょう。

結局、父は１５０グラムのハンバーグとライスとポテトを、

「うんまいのう」

と満面の笑顔で平らげました。そのうえ甘いココアを2杯飲み、誕生日祝いにお店からサービスされたケーキまで、ペロリと完食。

「いやあ、うんまかった。ええ誕生日じゃったわい。来年もまた来ようや」

え〜、１０２歳の誕生日もこれ食べる気なん？　でもこれだけ「食べ力」があったら、あと10年は余裕で行けるかもしれんね、お父さん。

「食べる力は生きる力」と言います。「長寿の人は肉をよく食べる」というデータもあります。父に関してはあてはまっているかもしれません。

「さあ、えっと（たくさん）食うたけん、腹ごなしに運動するで〜」

そう宣言して、家までの道を、シルバーカーを押して歩き始めた父。家までは私が歩いても15分くらいある距離なのですが、「歩かんと、体がなまってしまうけんの」と決してタクシーには乗りません。

この活力こそが、健康長寿の秘訣《ひけつ》なのかもしれませんね。

１００歳の誕生日に父が流した涙

今はこんなに食欲旺盛《おうせい》で元気いっぱいの父ですが、前年は少し心配しました。60年以上連れ添った母を亡《な》くし、ぼんやりしている時もあったからです。

二人がお互いを思い合っていたのは痛いほどわかっていましたので、

「ガックリ来たらどうしよう」

密《ひそ》かに心配していました。

しかし、どうやらコロナ禍が幸いしたようです。感染症対策のため、講演が多い私の仕事が全《すべ》てキャンセルになったので、母の葬儀後もずっと父のそばにいられましたから。

私では愛妻の代わりは到底つとまらなかったでしょうが、それでも話し相手がいれば少しは気が紛れたはず。私の冗談に「えへへ」と笑っているうちに、父は少しずつ元気を取り戻してくれました。

父の１００歳の誕生日は、母が亡くなって4か月半後でした。

90歳を超えたあたりから、「わしゃ１００まで生きるぞ」を口癖にしていた父。最愛の伴侶《はんりょ》の死を乗り越えて、宣言通り１００歳の誕生日を迎えた時には、心の底からホッとしました。ああ、お母さんに連れて行かれなくてよかった……。

１００歳の誕生日の当日には、コロナ禍ならではの試みをしました。

映画『ぼけますから、よろしくお願いします。』を見て父のファンになってくださった方たちと一緒に、オンラインでお祝いをしたのです。参加してくださったのは、全国から２０００人を超える方々。

「こんなにたくさんの人が、お父さんのことを気にかけてくれとってよ」

パソコン画面に踊るお祝いコメントから、それはしっかりと父に伝わったようで、父は少年のように頬を紅潮させて喜んでいました。よかったね、お父さん。いい励みになったね。

オンライン誕生会では、私が聞き手になり、父のこれまでの歩みや人生観をじっくりと聞きました。

戦争中、陸軍に召集されていた父。本当は旧制高等学校に進学して英語学を勉強したかったのに、

18歳頃の父。通っていた高松高等商業学校の制服姿。この後、陸軍に召集される

敵性語だからと学べる雰囲気ではなくなり、陸軍に入ってからはもう勉強どころではありませんでした。

父が入隊したのは、広島市の中心部にあった陸軍野砲隊でした。8月6日の原爆の日には、たまたま一時帰還で呉の実家に帰っていたので被爆せずにすんだのだとか。父の部隊は9月初旬の再召集だったために難を逃れましたが、8月初旬に再召集された兵隊さんたちは原爆でほとんどが亡くなられたそうです。そんな話をしっかり聞くのも初めてでした。

「お父さんの人生で、一番悲しかったことは何なん？」

と聞くと、竹馬《ちくば》の友である中西功《いさお》さんの戦死を挙げました。

中西さんは幼い頃から飛び抜けた秀才で、父はまぶしく思いながらも、なぜかウマが合っていつも一緒。中西さんの親友だというだけで誇らしい、それほど圧倒的な存在だったそうです。

「あの頃は優秀な者らはみな軍人になりよったけん、中西も飛び級して海軍機関学校に入ったんじゃ。全国で80人しか受からん、理系の最高峰よ。卒業したら若うして航空母艦『加賀』の機関長補佐になってての。真珠湾攻撃にも参戦したんよ。ほいじゃがその後、ミッドウェー海戦で『加賀』は『雲霞《うんか》のごとき敵機の爆撃にさらされて』爆発炎上して沈没してしもうた。あの頃は『艦《ふね》と共に死ね』いう教えじゃったけん、中西は最後まで艦を守って沈んでいったそうな」

まさか父の幼なじみが、歴史的に有名な海戦の戦没者だったとは。

「その翌年にはわしの親父《おやじ》が死んだんじゃが、わしゃあ親父が死んだ時より中西が死んだ時の方がガックリ来たのう。あいつはこれからの日本を背負って立つ人間じゃったのに。わしらのような『ぼんくら』が生き残って、中西のような優秀な者をむざむざ死なしてしもうて、ほんまに申し訳ない。今も思い出したら涙が出る」

中西さんのお母さんは、一人息子の戦死を知らされても取り乱すでなく、毅然《きぜん》としておられたそうですが、

「やっぱり気を落とされたんじゃろう。それからしばらくして、後を追うように亡くなられたわ。小さい頃からかわいがってくれたおばさんじゃけん、見舞いに行きたかったんじゃが、わしを見て『うちの息子は死んだのにあんたは生きとるんじゃねえ』思うたらよけい辛《つら》いじゃろう思うて、結局よう行かんかった。行って何か声をかけてあげりゃあえかったのう……」

父は絞り出すように、悔いを語りました。

戦争中の話をするうち、父が突然おいおいと泣き出して驚きました。それは戦争で進学を諦《あきら》めた第三高等学校（現在の京都大学）の寮歌を歌い始めた時でした。

「お父さんがいつも歌いよる十八番《おはこ》の歌を、みんなにも聞かせてあげてや」

私としては、軽い気持ちで振ったのです。普段ご機嫌な時に出る鼻歌なので、照れながらも楽しそうに歌うだろうと思って。

でも、歌い出そうとした瞬間。父の声は詰まり、顔がくしゃくしゃに歪《ゆが》みました。

そしてみるみるうちに、涙があふれてきたのです。

「昔の、ままならんかったことを思い出してのう」

父は目を閉じ、震える声で歌い始めました。

♪　紅《くれない》萌《も》ゆる　丘の花　早緑《さみどり》匂《にお》う　岸の色
若くして戦地に散った無二の親友。かなわなかった勉学の夢。無謀な戦争だとわかっていても声を上げられなかった無念……。

父は娘の私には想像もつかない壮絶な人生を生きてきたのでした。この機会に本人の口から聞けてよかった。宝物になった。心からそう思いました。

父が私に「好きなことをやれ」と言い続けてきた意味も、今更ながらひしひしと伝わってきました。

100歳の誕生会で涙する父。戦争に翻弄された青春時代を語った

「わしは無念が多いんよ。あんたにはそうな思いをさせとうない。せっかく、好きなことができる時代に生まれたんじゃけんの。わしはあんたが好きなことを仕事にして頑張りよるのを見たら、自分が報われたような思いがするんじゃ」

思えば私は、こんな父に支えられてきたからこそ、「フリーランスの映像制作者」という不安定だけれどやりがいのある仕事を、何十年も続けてこられたのです。

ありがとう、お父さん。

昔の父とは「手をつないでいた思い出」ばかり？

今でこそこうやって、父への思い入れをいくらでも語れる私。でも白状すると、母が認知症になるまで、父には全く関心がありませんでした。

母との思い出ならいくらでも出てくるのですが、じゃあその時、父はどうしてた？と思い返すと、記憶にないことが多いのです。父はこの時、いたのかしら？　いなかったのかな？　嫌いだったなら「嫌悪感《けんおかん》と共に記憶している」なんてこともあると思うのですが、覚えていないということは、好きでも嫌いでもない。本当に関心がなかったんですね。きっと空気みたいな存在だったんでしょう。

それでも無理やり記憶をたどってみると、幼稚園に上がるもっと前、夜の街を父と手をつないで散歩した光景が蘇《よみがえ》ってきました。

幼い頃、私はいつも父と夕食をとっていました。母はおしゃべりな私に食べさせるのがひと苦労で、自分は一緒に食べているヒマがなかったそうです。

「そうやっていつまでもお口を動かしよったら、ごはんが食べられんじゃろ」

母が注意すると私は、

家族で近くの山にハイキング。母が撮影

「おしゃべりするのも、ごはんを食べるのも、同じ口じゃけんダメなんじゃと思わん？　直子が神様なら、しゃべりよってもごはんが食べられるように、おしゃべりする口と食べる口を別にするがねえ」

などと屁理屈《へりくつ》を言っていたそうです。直子の発想はほんまに奇天烈《きてれつ》で飽きんかった、と母がよく笑っていたなあ……。おっと、いつの間にか母の話になるところでした。すみません、父の話でしたよね。

当時の信友家の夕食は、父と母との交代制でした。私を満腹にさせてから、母は残り物でゆっくり食事をするのです。そしてその間、父が私を散歩に連れ出すというチームプレイ。

今思えばこの散歩、愛妻家の父が、一日中家事と育児に追われていた母に用意した「息抜きタイム」だったのでしょう。好奇心旺盛な私は「これは何？」「何でそうなるん？」と母をのべつまくなし質問責めにしていたそうですから、さすがの母も夜にはげんなりしていたはず。父は妻をねぎらうため、会社の同僚との飲み会も断って、判で押したように夕方6時過ぎには帰宅していました。高度経済成長期のサラリーマンには珍しい「家族ファースト」の人だったのです。

その頃の呉市は、人口も多くて活気があり、うちの近くの商店街は夜までにぎわっていました。映画館のネオン、仏具店の黄金色にキラキラ光る仏壇、スポーツ用品店の躍動感あふれるディスプレイ。昼間とは全く違う顔が夜の街にはあって、小さな子供にとってはワクワクするワンダーランドでした。

酔っぱらって千鳥足で歩くおじさんや、美容院から出てくる着物姿のおばさん（今考えるとスナックのママさんでしょう）に出くわすこともありました。

「あっちにも、風船がひとーつ、ふたーつ、あるね」

とショウウインドウの風船を数えたり、映画館の看板を読み上げては知らない漢字を父に尋ねたりと、大はしゃぎの私。父はと言えば、

「ありゃ、この子はもう字が読めるん？　お利口さんじゃねえ」

と小さな娘がお店の人に褒められるのが嬉《うれ》しかったようで、特に映画館の前では長居をしていたように思います。私の映画好きは、案外ここが原点なのかも？

と、こんなふうにキラキラした夜景のことはよく覚えているのですが、残念ながら父と会話をした記憶は全く残っていません。ぶっちゃけて言うと、父の話ってそんなにおもしろくなかったんですよね。だから記憶に残らないんだと思うんです。

真面目《まじめ》一辺倒の堅物で、よその家のお父さんみたいに外でお酒を飲んだりはおろか、賭《か》け事をしたり、女性関係があったり、なんて色っぽいことは皆無。平日は家と会社を往復するだけ、休日は家で本を読んでいるだけの、地味としか言いようのない人でした。

「お父さんはホンマにつまらん。何が楽しゅうて生きとるんじゃろう。私はお父さんみたいなおもしろみのない人は絶対嫌じゃ」

高校生くらいになると、不良っぽい男性に惹《ひ》かれるお年頃ということも手伝って、私は平気で母に父の悪口を言っていました。母は笑って、

「ほんまよねえ。お父さんは真面目が服を着て歩きよるような人じゃもんね」

と調子を合わせてくれていましたが、今考えると何て失礼なことを言ったんでしょ

う。母が心に決めてお嫁に来た相手のことを悪《あ》しざまに言うなんて。案外母は、父のクソ真面目なところが安心で、愛《いと》しかったんじゃないかと思うのです。

お母さんが見初《みそ》めたお父さんのこと、悪うに言うてごめんね。

今となれば私も、父のような、妻を愛し家庭を大事にする温厚な男性が素敵なんだとよくわかります。父は昭和の「破天荒な男がカッコイイ」みたいな時流からは外れていましたが、令和の今なら文句なく「いいご主人ねえ」と羨《うらや》ましがられるタイプでしょう。何というか、母には先見の明があったわけです。


一方の父は、母のユーモアのセンスにベタ惚《ぼ》れでした。

日常のなんでもない出来事を、巧みな話術で笑い話に変えた母。父は毎晩、母が「今日こうなことがあってねえ」と身振り手振りで話すのをニコニコしながら聞いていました。いつも早く帰宅していたのは、案外これが楽しみだったのかもしれません。

父は、自分にない感性を持っている母に尊敬の念を抱き、大切にしていたのだと思います。とにかく母の言うことを「はい、はい」とよく聞いていました。食事も身の回りのことも全部母にお任せ。全幅の信頼を置き、何事も言われるがままに従っていました。信友家は明らかに、母を中心に回っていたのです。

「お父さんとお母さんは、性格が全然違うのに、喧嘩《けんか》もしたことないし、ほんまに仲がええねえ。こりゃあお互い『運命の人』としか思えんね」

私がそう茶化すと、「そうなことないわいねえ」と照れる母とは対照的に、父は、

「ほうじゃろ。わしゃおっ母のことを信頼しとるんじゃけん。おっ母はわしには過ぎた女房じゃけんのう」

と、母のことを手放しで褒めるのでした。これは当時の夫としては珍しい、ジェントルマンな態度かもしれません。母は「お父さんは何を言いよるんね〜」とくすぐったそうだったけど嬉しそうだったなあ。

真面目で静かな父と、おしゃべりで仕切り屋で社交的な母。この凸凹コンビは、娘から見ても羨ましいくらい相性バッチリだったのです。


小学生時代の父の記憶も、「手をつないで歩いた」というものです。

小学校の6年間、実は私、毎朝、父と手をつないで登校していました。恥ずかしくて今まで誰にも言ってませんでしたが。小学校の同級生からはいまだに、

「のぶは昔からお父さんとラブラブじゃったもんねえ」

と冷やかされますし、まあこの事実だけ聞くと気持ち悪いくらいの「仲良し親子」

ですよね。でも本音を言えば、私にとっては「手をつながされていた」という感覚しかなく、かなり恥ずかしい記憶なんです。

もともとは、私が小学校に上がったときに始まった習慣でした。通っていた小学校が子供の足だと30分近くかかる遠い場所にあり、おまけに父の会社までの道中にあったので、

「一人で歩かしたら危ないけん、どうせ通り道じゃし、わしが直子を送ってやろう」

父はそう言い出して、それまでのバス通勤をやめ、私の登校時間に合わせて一緒に家を出て徒歩通勤するようになったのです。

低学年の頃は特に抵抗はありませんでした。でも3年生くらいから、しだいに周りの目が気になりだします。「直子ちゃんは3年生にもなって、お父さんと手をつないで学校に行きよってじゃ」――実際誰かにそう言われたわけではありませんが、「絶対そう思われとるわ」。事あるごとに母に訴えるようになりました。

でも母は笑って、

「まあええじゃないの。お父さんも直子と手をつないで歩ける朝の時間を楽しみにしとってんじゃけん。親孝行しよる、思うてね」

そう言うものですから、「一緒に歩きとうない」とも言い出しにくくなり、やめる

タイミングを失ったまま6年が過ぎたというわけなのです。

高学年になったら、どうやって父を振り切って一人で登校するか、が毎朝のテーマになりました。遅刻ギリギリまで家を出るのを遅らせてみても、父はいつまでも玄関で待っています。これじゃあダメか……。

そんなある日。私は5年生だったでしょうか。

通学途中でたまたまクラスメイトに会ったので、ここぞとばかりに、でもさりげなさを装《よそお》って、父に言ってみました。

「ここから先は○○ちゃんと一緒に行くけん、お父さんは先に行ってもええよ」

そのときの父の寂しそうな顔。今も忘れられません。

「……ほうか。ほいじゃあ、お父さんは先に行こうかの」

いったんは背を向けたものの、未練がましく何度もこちらを振り返りながら、とぼとぼと歩き始めたのです。

晩婚だった父は、同級生のお父さんたちより10歳以上年寄りでしたから、まさに「とぼとぼ」という表現がぴったりの、おじいさんみたいな悲しげな後ろ姿でした。

胸がチクリと痛んだのを覚えています。

でも「この手があったか！」と心の中でガッツポーズをしたのも事実。それからは友人たちに頼んで、通学時に私を見かけると声をかけてもらい、「もうええよ。ここからは○○ちゃんと行くけん」を繰り返すようになりました。

時には5分も歩かないうちに「じゃあね」となる日もありましたが、それでも父は私と一緒に家を出るのをやめませんでした。それは小学校6年の卒業式まで続きました。中学生になり、通学路が変わって晴れて父との手つなぎ通学は免除。ホッとしましたが、なんだか、いつもつないでいた左手が寂しくも感じたのでした。

減給されても娘の登校に付き合っていた⁉

このエピソードには後日談があります。大人になってから、母から聞いて驚いた、衝撃の事実があるのです。

「あんたが小学校の間じゅう、お父さんは給料が安かったんよ。あんたと一緒に歩くために毎朝会社に遅刻しよっちゃったけんね」

えーっ⁉　お父さん、給料を減らされてでも私と歩くのを優先したん？　クソ真面目だとばかり思っていた父が、そんな破天荒な会社員だったなんて。

「そんなの、社会人として失格じゃろ。お母さんは怒らんかったん？」

「あんたのことになると、お父さんも頑固なけんね。お母さんが何を言うてもダメよ。

お父さんは何より家族が一番、直子が一番じゃけん」

うーん。ここまでくると、私の理解を超えます。「娘と一緒に登校したい」そんな理由で確信犯的に遅刻を繰り返すなんて、会社員としては非常識としか言えませんから。だけど……。

恥ずかしながら、あの家族ファーストの父だったらやりかねないな、という気はします。そこまでのリスクを冒していたなんておくびにも出さず、毎朝私のペースに合わせてニコニコ歩いてくれたのも父らしいです。そして誤解を恐れずに言えば、そんな父だからこそ私は「親から愛されている」と何の疑いもなく信じられる子供時代を過ごせたのです。

私を抱っこする父のやさしいまなざしが大好きな1枚

無条件で愛を注いでくれる人がいる。私が何もできなくても、存在しているだけで喜んでくれる人がいる。子供にとっては何よりの安心感であり、生きていく上での自信につながります。これこそが、父が私にくれた最高のプレゼントだと思います。

人生を振り返ってみると、私も60年生きてきましたから、いいときばかりではありませんでした。落ち込んだり泣いたりという日々もたくさんありました。でもどんなときだって、私は自ら人生を終えてしまおうと思ったことはありません。それは父と母のおかげ。そう感じています。

幼い頃から両親に愛されて育ったおかげで、どうやら私の中には人生への「肯定感」みたいなものが、細胞レベルで刷り込まれているようなのです。「何が起きたって、生きるのはやっぱり楽しいよね」——自然とそう思えるお気楽さみたいなものが。年をとるにつれて、こんなに楽天家になれたのは子供の頃に不安なくのびのび過ごせたからだな、としみじみ思うようになりました。

私も若い頃には、感受性の鋭い人が自殺未遂をしたとかいう話を聞くと、その文学的な香りに憧《あこが》れに似た感情を持ったこともあります。それにくらべて自分は美意識が欠如しているんじゃないかしら、とコンプレックスを抱いたりもしました。でもこの年になると、気持ちが安定して穏やかであることが一番素敵なんだと、よくわかります。笑顔は自分も周りも幸せにしますからね。

愛情深く育ててくれた父と母には、本当に感謝してもしきれない思いです。

今思い返すと、サラリーマンとしての父は、相当変わり者だったかもしれません。仕事は妻子を養う飯のタネと割り切って、最低限の義務を果たしているだけのように見えました。男性社員との飲みニケーションにはほとんど参加せず、それよりは部下の女子社員たちを誘ってケーキを食べに行く人でした。背広にネクタイという堅苦しい格好が嫌いで、会社に行くにもノーネクタイ、セーターにジャケットを羽織って、下はコットンパンツ、という学生のような恰好《かっこう》。経理部というお堅い部署で、打合せの相手は銀行員ばかりだというのに。

「お父さんの若作りファッションは、なり損ねた大学生への憧れなんかね？」

当時の私は意地悪にも、そんな憎まれ口をたたいていましたが、実はそれだけではなかったのかもしれません。

そりゃあ、あれだけ大学で言語学を学びたかった人ですから、根底には「わしがやりたかったのはこの仕事じゃない。本当にやりたいことは別にあったのに、できんかった」という無念さがあったとは思います。でもそれよりも、父は母と結婚し、私を授かったときに、人生の優先順位をはっきり決めたのではないでしょうか。

「わしにとって大事なのはこの家族じゃ。あれもこれもと欲張ってもしょうがない。それ以外のことはどうでもええわい」

大切な妻と娘とのささやかな暮らし

だんだん思い出してきました。会社員時代から父はよく、
「わしの人生、付録の人生にしては上出来よ。おっ母みたいなええ女房に会えて、ええ子にも恵まれたけんの。これ以上望むことはないわい」
と言っていたのでした。高校生の私はそれを聞くたび、「お父さんは何でそんなにやる気がないん？　現状に満足せずに、がむしゃらに働いてもっと出世しようとか、そういうふうには考えられんの？」と父の覇気のなさにイライラしていたのですが、今ならわかる気がします。

戦時下に青春時代を過ごし、自分も戦争で死ぬものと覚悟していた。実際、多くの同級生が死んだ。しかし自分は、たまたま生き残った。敗戦で世の中の価値観が180度変わったことに納得できない生真面目さもあったでしょう。戦後、手のひらを返したように金儲《かねもう》けに走った人たちを「ああいう浅ましい人間にはなりとうなかった」と一刀両断していたことも思い出しました。

父の無常観は、戦中戦後の激動に翻弄《ほんろう》された経験から生まれたものでしょう。だからもう何も期待せず、戦後の人生は付録だと思って生きてきた。そうしたら思いがけ

ず、いい女房に会えた。娘にも恵まれた。それだけでもう十分だ。

「わしゃ多くは望まんのじゃ。これ以上望んだらバチが当たるわい」

父の人生観には、一貫してある種の諦観《ていかん》があるように思います。亡くなった戦友に申し訳ないから、あまり幸せになるのは気が引ける。そこその人生でいい。ただ、大切な妻と娘とささやかな暮らしが続けられれば、それでいいのだと。


そんな人でしたから、会社では大して出世せず、本人も出世なんて気にするタイプでもありませんでした。60歳になったら「やれやれ解放されたわい」とばかりに、再就職の話を断ってさっさと退職し、ＮＨＫの語学講座のテキストを何か国語も買って、嬉々《きき》として勉強を始めました。本当にやりたかったことを、やっとやり始めたわけです。会社員時代に比べ途端に生き生きしてきた父を見て、私は初めて、「ああ、お父さんは今まで、私たちのために頑張ってくれてたんだな」と気づいたのでした。

それからは「これからでも大学に行こうかの」と言い出して受験勉強を始めてみたり（数学が手に負えなかったようで早々に断念しましたが）、新聞を何紙も取って読み比べを始めたりと、知的好奇心を満たすあれこれに挑戦していました。

同じころに母が書道を始めると、誰よりも応援したのも父でした。神戸の先生に習ほけますから、よろしくお願いします。

いに行きたいと言われると、

「行ってこい、行ってこい。金は好きなことをやるために使うもんじゃ」

と新幹線代も惜しまず出していました。母が展覧会に出品するたびにいそいそと見に出かけ、自分の手柄のように作品と一緒に記念写真に収まるのでした。

私が暮らす東京にも何度も遊びに来ました。東大の学園祭である五月祭にも来たのですが、会社にすらネクタイを締めて行かなかった人がパリッと背広にネクタイで決めてきたので、父の東大へのリスペクトの強さに笑ってしまったのを覚えています。

母と国内を旅行するのも大好きでした。母が几帳面《きちょうめん》に整理したアルバムを見返すと、二人でこんなにいろんなところに旅行していたのか、と驚くほどです。特に北海道と、沖縄の離島がお気に入りだったようで、季節を変えて何度も訪れていました。まあ母と一緒なら、どこに行くのも楽しかったんでしょうけれど。

父は今でも、母との思い出の旅行アルバムをめくっては、

「このころが一番えかったのう。ほれ見てみい、このおっ母の嬉しそうな顔」

と目を細めています。

そんな父ですから、母が認知症とわかったとき、「わしがおっ母の面倒をみる」と

言い出したのは必然でした。母は父にとって最愛の人であり、何かあったら体を張ってでも守りたい存在だったのです。

最初のうち、「わしだけで面倒をみる。人の世話にはならん」と言い張って介護サービスを拒否していたときは、私もその頑固さに泣かされました。でも、いったん介護のプロと協力体制を取るようになってからは、物静かだった昔の面影はどこへやら、明るく人懐《ひとなつ》っこかった母のお株を奪うほどの社交性を発揮し始めたのです。

夫婦でよく訪れた沖縄で。現地に友人もできていた

「どうしてお父さんはこんなに急にかわいらしゅうなったんじゃろうか」

私は不思議でしたが、父の昔の同僚に聞くと、実は会社員の頃から女子社員にモテモテだったのだとか。「結婚するなら信友さんみたいな人が理想よね。一生大事にしてもらえそうなけん」と評価が高かったそうで……。

どうやら娘の目だけが、長いこと節穴だったようですね。

女子社員たちの見立ては正しく、認知症になってからも母は、父に本当に大切にしてもらっていました。父の言葉がけには、母の不安を取り除く魔法が宿っているかのようでした。母が物忘れを嘆くたび、父はこんなふうに言っていました。

「あんたはね、病気じゃけん忘れてもしょうがないんよ。これからは、大事なことを聞いたらすぐわしに言いんさい。わしが覚えとってやるけん。わしかあんたのどっちかが覚えとりゃ事は足りるじゃろ。あんたはそう気にせんでもええんよ」

「ほうじゃね、お父さんが覚えとってくれるんなら、それでええとするかね」

母が最後まで笑顔で過ごせたのは、こんなふうに父の愛と思いやりに支えられたからだと思います。それを見届けられた私も、本当に幸せでした。

父の健康長寿の秘訣は？

101歳になった父は、今も自宅で暮らしています。

私が呉にいない間は一人暮らしなのですが、身の回りのことは全て自分でやっています。「要支援1」の認定はもらっていますが、まだ介護サービスも利用していません。

父はなぜ100歳を超えても健康で自立した生活を送れるのでしょうか。

暮らしぶりを覗《のぞ》いてみたら、たくさんのヒントが見つかったので、みなさんにもお教えしますね。いまや人生100年時代と言われますが、誰だって健康な100歳を目指したいもの。父の暮らしぶりはかなり参考になるのではないでしょうか。

まず、何と言っても規則正しい生活をすること。早寝早起き、1日3食しっかり食べて、お通じをためないようにする。

朝6時には起床。まずは布団《ふとん》を上げます。父はベッドではなく座敷に布団を敷いて寝ているのですが、毎朝上げて、夜に敷いて、を日課にしています。若い頃からベッド派の私は何度も「ベッドにしたら？　楽じゃけん」と勧めたのですが、「いや、楽をしたらいけん。これはわしの運動じゃけん」とこだわっています。全身運動になりますし、これでずいぶん足腰が鍛えられているのではないでしょうか。

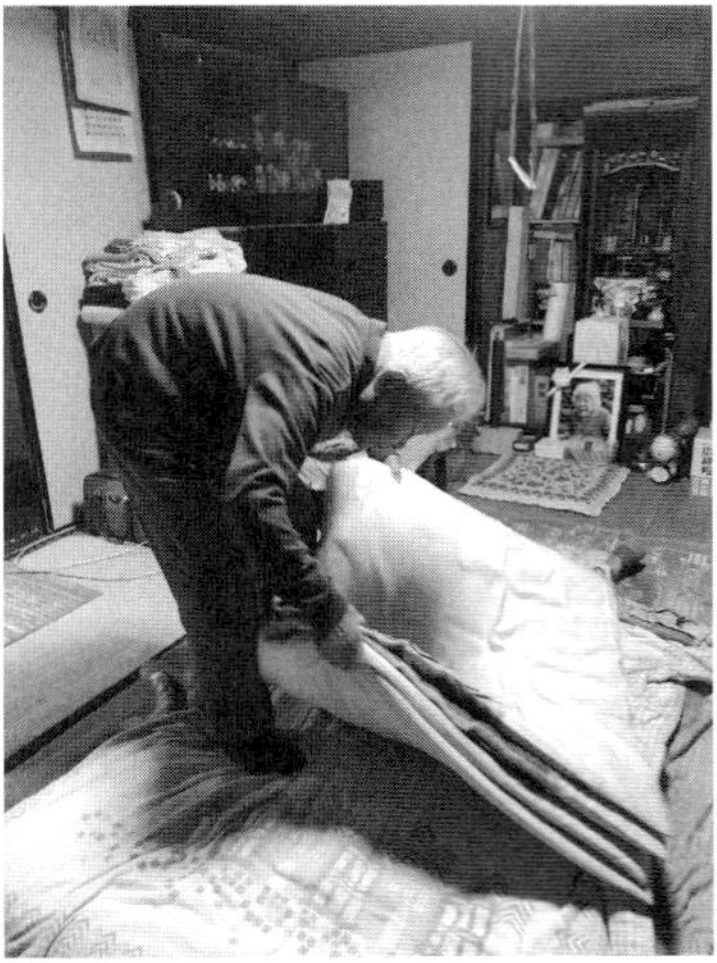
朝晩の布団の上げ下ろしは父の大切な日課

ぼけますから、よろしくお願いします。

朝食も、かなり体にいいものを摂取しています。

ヤクルトとヨーグルトは毎朝欠かしません。玄米パンのトースト、トマト、ちくわ、そしてなぜか、かえりいりこを「カルシウムの素《もと》じゃ」とむしゃむしゃ。栄養バランスは見るからにバッチリです。

これに、こだわって豆から挽《ひ》いて淹《い》れたコーヒー。自分一人でも面倒がらず丁寧にコーヒーを淹れるのです。こういう習慣があると心が豊かになりますし、生活にメリハリが出てきますよね。

こんな朝食になったのは、父が新聞で健康に関する情報をマメにチェックして取り入れているからだと思います。父はとにかく文章を読むのが大好き。新聞も3紙購読し、すみずみまで読んでいます。3紙取るのは、同じ事柄でも新聞によって取り上げ方が違うからだとか。

「偏《かたよ》ったものの見方をしたらいけんよ。違う意見をたくさん聞いて、何が正しいか自分の頭で考えんさい」

私も小さい頃からそう教わってきました。

最近はコロナ禍で生活様式が変わりましたから、新聞にも「オンライン」とか「リモート」とか、父の知らない単語がよく出てくるのですが、そのたびに辞書を引いて意味を調べています。年をとると新しい知識を入れることに億劫《おっくう》になりがちですが、父の好奇心は衰え知らず。若々しさの秘訣はここにもありそうです。

家事も無理せず自分のペースでやっています。ゴミ出しする際の分別は、私よりはるかにきっちり徹底しています。瓶やペットボトルは洗ってラベルを剝《は》がす。古新聞は括《くく》って、決められた日に集積所に運ぶ。こういう作業は頭の体操にもなるのではないでしょうか。

洗濯は風呂《ふろ》の残り湯で手洗いし、ついでに風呂場を掃除。ほかにも雑巾《ぞうきん》がけ、庭の掃き掃除など、機械に頼らずもっぱら体を使うので、自然と筋力が衰えずにすむのかもしれません。父を見ていると、きちんと丁寧に生活することが長寿につながるんだなあと実感します。

介護サービスは受けていませんが、その代わり近所のクリニックから週3回、迎えの車が来て、通院しています。これは父のためと言うより私のため。私が東京にいる間、父に変わりがないかを医療のプロに確認してもらうのが目的です。

父には毎日電話しますが、「大丈夫じゃ」と言われたら父の言葉を信用するしかありません。でも私に心配をかけまいと、何かあっても黙っている可能性もあります。

クリニックのスタッフが迎えに来て、もし父に異変があれば、すぐに連絡をもらうことになっているのです。幸いまだそんな事態になったことはありませんが。

クリニックでは毎回、検温や血圧測定をし、看護師さんが顔色を見てくださり、フレイル（加齢による虚弱）予防のためにエアロバイクを漕《こ》ぎます。バイクの負荷を設定する時に年齢を入力するのですが、2桁《けた》しかないので99歳で設定しているようです。

「お父さんは、この自転車を漕ぐ日本最高齢じゃろうねえ」

理学療法士さんからそう言われたと、父は嬉しそうでした。

医療従事者の目に週3回触れることは娘にとって何より安心なことですが、父にとってはクリニックで顔なじみが増えて世間が広がったことが嬉しいようです。先日も仲良しのおじいさんと、お互い耳が遠いので話はうまく通じていないのに、それでも盛り上がって大笑いしていました。高齢になってもやはり社会とつながることは大事だと、父を見ていると痛感します。

父本人にも「健康長寿の秘訣は何？」と聞いてみました。返ってきた答えは、

「わしが安気《あんき》（お気楽）じゃけんかのう」

父はあまり物事を悩まないというか、悩んでも仕方ないことにくよくよしません。母が認知症になった時も、

「まあしょうがないわい。これも運命よ」

とどっしり構えて前向きでした。深刻に考えがちな私は、父のおおらかさに何度救われたことか。しょっちゅう大声で調子っぱずれの歌を歌っていますが、歌うことにも気分を上げる効果があるのかもしれません。

「死ぬのは怖いことないん？」

と聞いてみたら、

「100を超えるまで生きたんじゃけん、思い残すこともないわい。なるようになるじゃろ」

もう、達観の極みですね。

夕ご飯を終えるとすぐ床につきます。日中よく動いて、頭も使って、ごはんをたくさん食べたら眠くなるのは自然の道理。すぐに大いびきをかく父を見ていると、なんだか羨ましくなってきます。こんなふうに安気に年を重ねていけたらいいなあ。

父の暮らしはシンプルだけれど、この境地に達するのは至難の業かも……。還暦の娘はまだまだ修行不足です。

そんな父は最近、時流に乗ってパソコンにも触るようになってきました。ファンの方に向けた配信イベントも私と何度かやって、画面の向こうの人たちとつながる楽しさに目覚めたようです。父の世界は、また広がりました。

父を見ていると本当に思います。１００歳からでも新しく始められることはあるんだなあと。まだまだ人生これから。私も前を向いて生きていこうと思います。

最近父は、

「どこも悪うないけん、こりゃ１２０ぐらいまで生きられるかの」

と言い出しました。その意気や良し。嬉しくなりましたが、ちょっと待った！　その頃私は80歳です。後期高齢者同士で仲良く暮らすことになるのでしょうか。想像すると恐ろしい光景ですが、でも父ならこう言うでしょうね。

「まあしょうがないわい。これも運命よ」

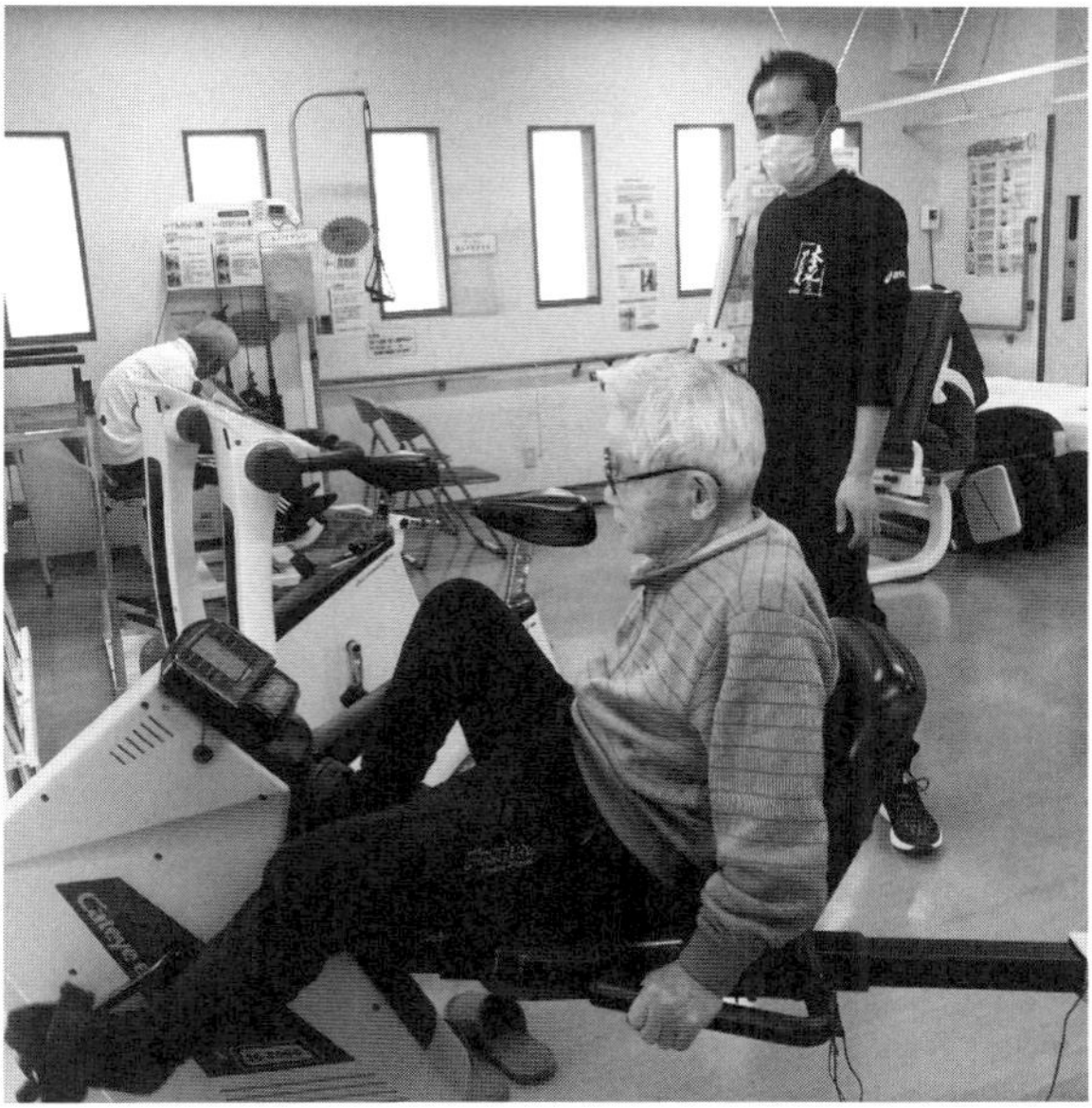

エアロバイクで体力作り。これで120歳までバッチリじゃね！

解説

村井理子

初めて信友直子監督の作品に触れたのは、2020年のことです。連日、パソコンに何時間も向き合って認知症や介護について必死に調べる過程で、ドキュメンタリー映画『ぼけますから、よろしくお願いします。』（2018年公開）の公式サイトに辿《たど》りついたのです。一度は行きたいと願っていた広島県呉《くれ》市が舞台で、美しい夕暮れの写真が印象的でした。しかし美しい夕暮れよりも印象的だったのが、その後、私が大ファンとなってしまう信友監督のご両親、良則《よしのり》さんと文子《ふみこ》さんの笑顔でした。高齢の夫婦が、仲睦《なかむつ》まじく並んで見せていたその笑顔は、こんなことを書いては失礼かもしれませんが、とてもかわいかったのです。なんてかわいいの〜！　と思ったのが最初の印象です。それまで何本も認知症に関するドキュメンタリー映画は観《み》てきていましたが、ダントツでかわいい！　「この作品はいままでのものとは違うかもしれない」という予感がありました。早速配信サイトで鑑賞して、しばらく涙が止まりませんんでした。こんなにも切ない愛の話があるなんて。嗚咽《おえつ》しながらそう思いました。信友家の幸せな暮らしが、末永く続いて欲しいと願うような気持ちにもなりました。その日から、何度も何度も、作品を視聴する日々を送りました。というのも、わが家でも過酷な介護生活がスタートしていたからなのです。なんとかして現状を打開したい、この作品にはそのヒントがあるはずだと信じて疑いませんでした。そして実際、私は信友家から多くのヒントを得て、義理の両親の介護を続けることになるのです。

わが家の義母に異変が起きはじめたのは、2016年頃のことでした。最初は、日々の生活のストレス？　それとも年齢のせいでもの忘れが増えた？　程度に軽く考えていたのですが、2019年に義父が脳梗塞《のうこうそく》で倒れたことがきっかけとなり、一気に義母の様子は変わっていきました。もの忘れだけではなく、家族に対する怒りや猜疑心《さいぎしん》が強くなり、私も夫も困り果てました。家事も一切出来なくなり、出先では道に迷い、乗用車での自損事故を立て続けに起こしたのもこの頃で、問題は一気に深刻化していきました。長年続けていた趣味を辞め、趣味を通じて知り合った友人とも喧嘩《けんか》をして仲違《なかたが》いをしたようでした。本人に何を言っても聞く耳をもたず、どんどん頑《かたく》なになってしまうことに私たちの焦《あせ》りは募りました。藁《わら》にもすがるような思いで地域包括支援センターに行き、要介護認定の申請を行い、実際に介護サービスがスタートします。最終的にレビー小体型認知症と診断されたのは2022年のことです。

私と義父母の関係は、それまで決して友好的なものではありませんでした。とにかく心配性で過干渉な義父。理想の嫁の姿を徹底的に私に強いる義母。自分たちの思うとおりに息子夫婦を変えようと躍起な二人でした。自由を何より愛する両親に気ままに育てられた私が、そんな過剰とも言える干渉を受け入れられるはずもなく、ただただ、二人は私にとって「重い」存在となりました。しかし、そんな重い存在の義理の両親の介護が、突然、私と夫に降りかかってきたのです。右も左もわからないまま、難題に挑むことになってしまった私が、とにかくやってみようと思ったのは、「できるだけ多くの情報を集める」ということでした。そして、出会うべくして出会ってしまった『ぼけますから、よろしくお願いします。』なのです。「介護で葛藤《かっとう》しているのは私だけではない」と勇気をもらったことを覚えています。食いしん坊なので、豊かな呉の食卓にも目が釘付《くぎづ》けになりました。あの煮付けが食べてみたいと何度か作ってみたこともあります。

介護に疲れて、何もかもが嫌になると、必ず『ぼけますから、よろしくお願いします。』を観る日々でした。良則お父さんの歌声も、文子お母さんの明るい言葉も、すべて記憶してしまうほど、何度も観ました。本当に不思議なことに、何度観ても新しい発見があったからです。認知症患者の孤独、家族の悲しみ。どの家族にも、それぞれの物語があるはずで、わが家の状況と信友家はまったく同じではありませんでしたが、それでもお母さんの葛藤を義母と重ね合わせ、お父さんの切なさを義父と重ね合わせました。まるで具合が悪くなったときに薬を飲むように、介護に疲れ切った私は信友家の映像を観て立ち直ることを繰り返したのです。

もうひとつ、信友監督の作品を観て、私が強く感じたことがあります。それは、いつまでも消えない家族の愛が存在するということです。監督の作品に映し出されるお父さんのコーヒーメーカー、お母さんのプライドと思いが詰まった二層式の洗濯機、キッチンにひっそりと並ぶ歯ブラシ入りの二つのコップといった家族の情景は、映像のなかで家族の愛情を放ち続けるのだと思います。実の両親も兄も死に、原家族で生きているのは自分だけとなった私にとって、それは救いとなる発見でした。切り取られた瞬間にも、家族の愛は存在し続けることができる。カメラを構えていて怒られないかなと心配しつつも、家族の情景を残し続けて下さっている監督に感謝です。

2022年3月に公開された続編『ぼけますから、よろしくお願いします。～おかえりお母さん～』も、もちろん観ました。机に突っ伏して泣きました。お父さんの愛にあふれた言葉、お母さんの家族をどこまでも思いやる様子に「やっぱり信友家！」

と、ファンとして胸を熱くしました。コロナ禍での入院で、なかなかお見舞いにも行けない状態が続いた時期には、心が痛みました。お見舞いが出来るようになると、お父さんは一時間もかけて病院まで歩いてお母さんに会いに行きます。その一生懸命な後ろ姿と、一途《いちず》さに泣けました。でも、一番涙が溢《あふ》れたのは、転院をするお母さんが、ほんの少しだけ家に戻ったシーンです。病状が進み、反応も薄くなっていたお母さんが、大好きな家に戻った瞬間に表情を変えました。「わかる？　わかる？　お母さん？」と声をかける監督。椅子《いす》に座らせてもらったお母さんは、声をあげて泣きはじめるのです。お父さんが新聞を読む時に座る椅子に座ったお母さんの視線の先には、お父さんと二人で囲んだ食卓があります。カメラを構えていた監督も、きっと大粒の涙を流しておられたことでしょう。私も、この時のお母さんの、喜びと悲しみと感動が入り交じった表情を見ると、涙がこぼれて仕方がありません。人様のお母様なのに申し訳ないのですが、お母さんの優しさ、ユーモアが大好きなのです。監督が病気で手術を受けたとき、それまで気丈に笑顔を見せていたお母さんが、執刀医に「無事に終わりましたよ」と告げられた瞬間、涙を見せます。母という存在の強さと脆《もろ》さが垣間見え、自分の母を思い出さずにはいられませんでした。そして映像のなかのお母さんの近くに、うちわが置かれていることが多いのは、彼女の優しさを表しているのではと思います。きっと長い間、大切な家族に優しい風を送り続けていたんですよね。

本書には、『ぼけますから、よろしくお願いします。～おかえりお母さん～』の撮影秘話だけではなく、信友夫妻の出会いの物語、監督の幼少期の暮らし、ご両親それぞれの趣味など、ファンにはたまらない情報がたくさん綴《つづ》られています。そして、実は監督が認知症の症状が進み始めたお母さんに抱かれたというダークな思いも率直に書かれています。私が時折義理の両親に抱くダークな思いに比べれば、監督のお気持ちは優しさに溢れているとは思いましたが、それでも「わかる！」と思わず声が出ましたし、介護経験者が読めば多くの方が納得することでしょう。介護サービスを拒絶する良則お父さんの美学と、娘としてサービスを受けて欲しい監督の気持ちのすれ違いは、日本中で多くの家族が経験しているのではないでしょうか。

両親にカメラを向けることについて葛藤があったこと、お母さんの認知症が発症してから、ご両親が社会との関わりを絶つようになってしまったことなど、映画を観ているだけではわからない背景も記されています。二人の生活についてテレビ番組にしていいかどうか、ご両親に尋ねるシーンでは、読んでいる私もドキドキしてしまいました。というのも、私も実は義理の両親について本を書いているのですが、はっきりと許可を取っておりません（息子である夫には取ってあります）。少し心配ですが、ぼけますから、よろしくお願いします。


ここはひとつ、お父さんの名言、「まあしょうがない。これも運命よ」を使わせて頂いて、なんとか誤魔化したいと思います。

そしてもう一つ、本書のおすすめポイントは、お父さんとお母さんのロマンチックな出会いについての記述です。通勤途中にすれ違うお父さんに憧《あこが》れていて、猛プッシュで結婚したという話は微笑《ほほえ》ましい限りです。質問ばかりする好奇心旺盛《おうせい》な娘に答えるために、哲学書を読んだというお母さんの教育方針も一読の価値があります。そんなお母さんのことを尊敬し、頼りにしていたお父さんが、病床のお母さんに口にした「ありがとうね」という優しい言葉。私も誰かにそんな言葉を言える人になりたいです。

私は今でも信友家の大ファンです。先日は、お父さん104歳の生誕祭の生配信にもしっかり参加させて頂きました。これからもお父さんが大好物のあつあつハンバーグをたくさん食べて、いつまでも私たちファンに笑顔を振りまいてくれることを楽しみにしています。

介護とは、一筋縄ではいかない難問です。かなりスタミナがあると思われている私ですが、長期間に及ぶ介護で、さすがに最近は疲れてきました。でも、そんな時はまた、信友家の様子を見て元気をもらいたいと思います。これから介護生活がスタートする、あるいはこの先、両親の介護をする可能性がある方々には、是非、本書を手に取って頂きたいと思います。

（令和六年十一月、翻訳家）

この作品は二〇二一年三月新潮社より刊行された。

さくらももこ著

そういうふうにできている

ちびまる子ちゃん妊娠!? お腹の中には宇宙生命体=コジコジが!?期待に違わぬスッタモンダの産前産後を完全実況、大笑い保証付!

髙橋秀実著

「弱くても勝てます」

―開成高校野球部のセオリー―

ミズノスポーツライター賞優秀賞受賞

独創的な監督と下手でも生真面目に野球に取り組む、超進学校の選手たち。思わず爆笑、読んで納得の傑作ノンフィクション!

城戸久枝著

あの戦争から遠く離れて

―私につながる歴史をたどる旅―

大宅壮一ノンフィクション賞ほか受賞

二十一歳の私は中国へ旅立った。戦争孤児だった父の半生を知るために。圧倒的評価でノンフィクション賞三冠に輝いた不朽の傑作。

佐野洋子著

ふつうがえらい

嘘のようなホントもあれば、嘘よりすごいホントもある。ドキッとするほど辛口で、涙がでるほど面白い、元気のでてくるエッセイ集。

T・トウェイツ
村井理子訳

ゼロからトースターを作ってみた結果

トースターくらいなら原材料から自分で作れるんじゃね? と思いたった著者の、汗と笑いの9ケ月! (結末は真面目な文明論です)

K・フリン
村井理子訳

「ダメ女」たちの人生を変えた奇跡の料理教室

冷蔵庫の中身を変えれば、人生が変わる! 買いすぎず、たくさん作り、捨てないしあわせが見つかる傑作料理ドキュメンタリー。

ぼけますから、よろしくお願いします。

おかえりお母《かあ》さん

新潮文庫　の－19－2

令和七年一月一日発行

著者　信《のぶ》友《とも》直《なお》子《こ》

発行者　佐藤隆信

発行所　株式会社新潮社

郵便番号　一六二－八七一一
東京都新宿区矢来町七一
電話　編集部(〇三)三二六六－五四四〇
　　　読者係(〇三)三二六六－五一一一
https://www.shinchosha.co.jp

価格はカバーに表示してあります。

乱丁・落丁本は、ご面倒ですが小社読者係宛ご送付ください。送料小社負担にてお取替えいたします。

印刷・株式会社三秀舎　製本・株式会社植木製本所

ISBN978-4-10-104222-0 C0195